JOURNAL

DES

OPÉRATIONS MILITAIRES

DU SIÉGE ET DU BLOCUS DE GÊNES.

NOTA.

On a renvoyé à la fin de l'Ouvrage les Notes un peu longues, et qui ont paru moins étroitement liées au texte, quelqu'importantes qu'elles fussent d'ailleurs. Les renvois de ces Notes sont indiqués par des lettres.

La Carte qui accompagne cet Ouvrage a été dessinée par les Citoyens MOYNET et BERAUD, ingénieurs, attachés au Dépôt de la Guerre : on y a élagué quelques positions inutiles pour l'intelligence des Opérations qui ont eu lieu dans la Ligurie ; mais on a apporté la plus grande exactitude dans l'emplacement de celles qui sont citées dans l'Ouvrage.

JOURNAL

DES

OPÉRATIONS MILITAIRES

DU SIÉGE ET DU BLOCUS DE GÊNES,

Précédé d'un Coup - d'OEil sur la Situation de l'armée d'Italie, depuis le moment où le Général MASSENA *en prit le Commandement, jusqu'au Blocus.*

Par PAUL **THIÉBAULT**, Général de Brigade, Auteur du Manuel des Adjudans-Généraux, et des Vues sur la réorganisation des Quartiers-Généraux et des États-Majors des Armées;

SECONDE ÉDITION, CONSIDÉRABLEMENT AUGMENTÉE,

Et enrichie de plusieurs Tableaux, et d'une Carte de la place et des environs de Gênes.

A PARIS,

Chez MAGIMEL, Libraire pour l'Art Militaire et les Sciences et Arts, quai des Augustins, n°. 73, près le Pont-Neuf.

AN IX. (1801).

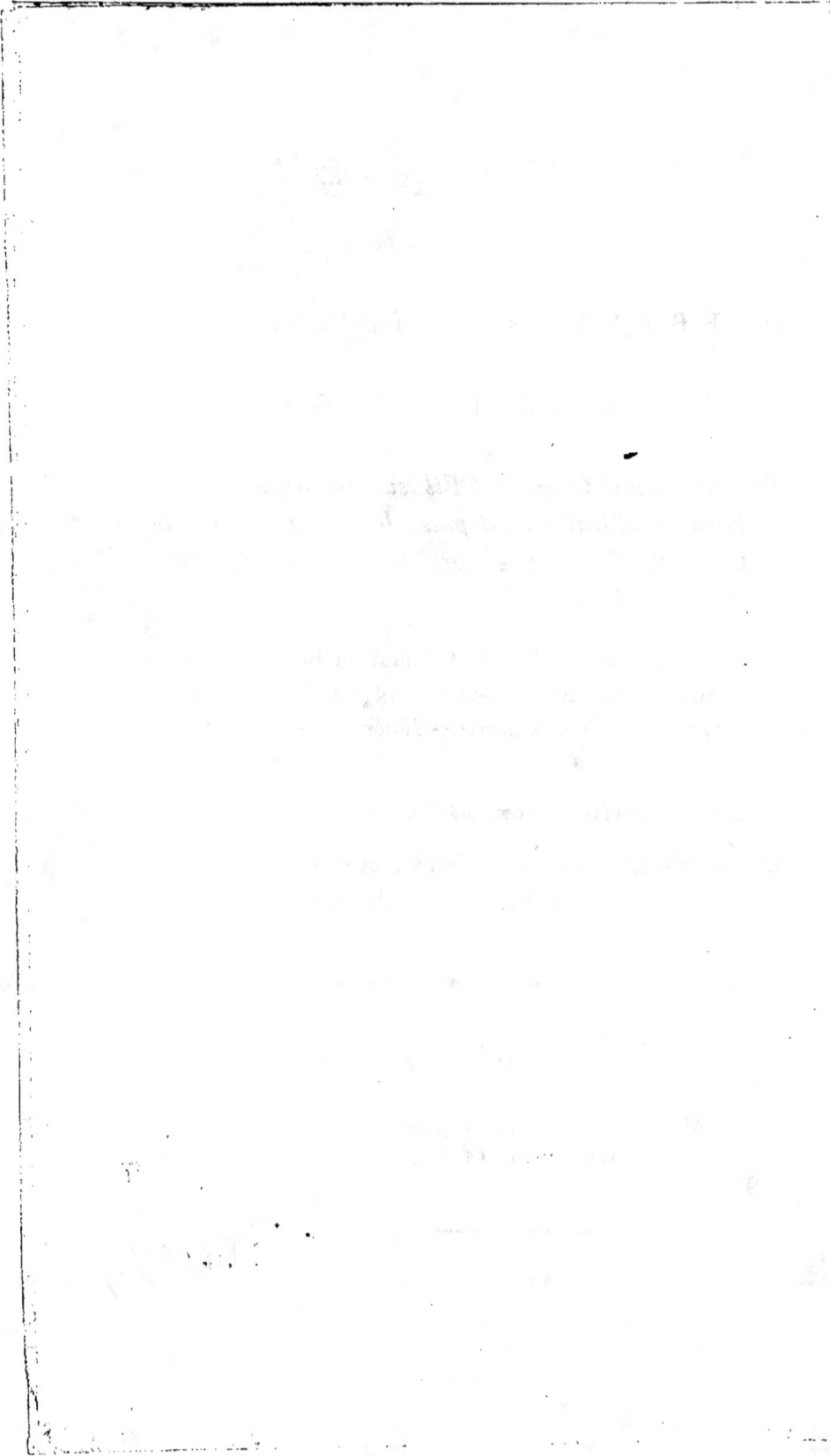

ANDRÉ MASSENA,

Au Citoyen Paul THIÉBAULT, *Général de Brigade.*

JE vous renvoie ci-joint, Citoyen Général, le manuscrit d'après lequel doit se faire la seconde édition du Journal du Siége et du Blocus de Gênes.

Je l'ai lu avec toute l'attention que mérite un Ouvrage destiné à consacrer un événement que le zèle et le dévouement de tant de Braves rendraient mémorables, quand même les circonstances eussent été différentes.

Il est impossible d'être plus exact dans les détails, plus rigoureusement vrai dans les raisonnemens, et plus juste dans les conséquences que vous ne l'êtes.

Je ne vous parlerai pas de ce que votre amitié vous a dicté relativement à moi; mais je ne puis manquer de vous témoigner combien j'ai aimé à remarquer le soin particulier avec lequel vous vous êtes plu à rendre justice aux corps qui ont défendu Gênes, et aux chefs de tous grades sous les ordres desquels ils ont combattu durant cette époque si pénible et si glorieuse pour eux tous.

Je vous assure de mon estime et de mon attachement.

MASSENA.

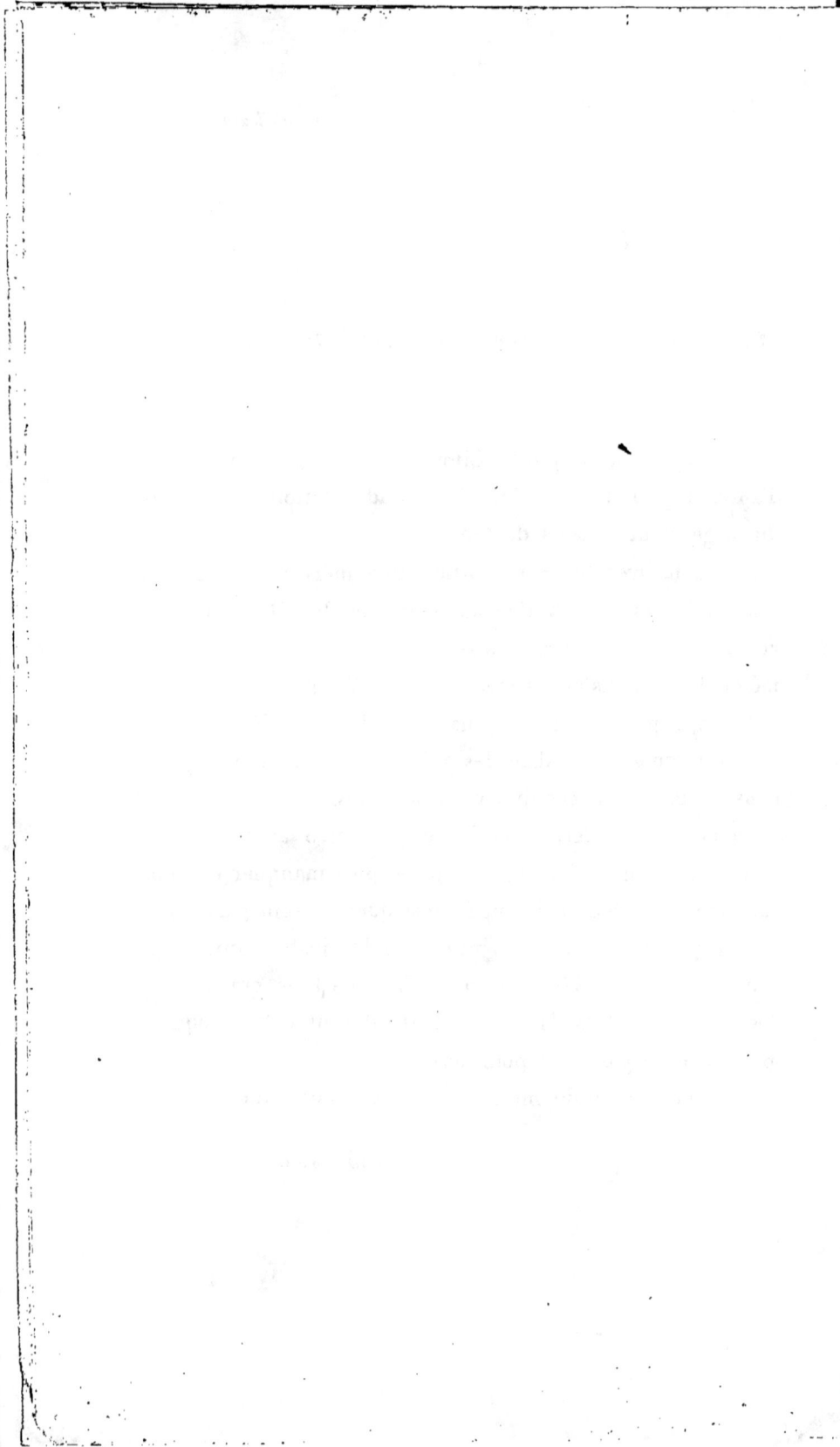

BRAVES DE L'ARMÉE D'ITALIE!

SI les désastres de la guerre laissent après eux de douloureux souvenirs , du moins est-il vrai que votre constance , votre dévouement, et votre valeur ont jeté , au milieu de tant de sujets de tristesse, des détails également glorieux et consolans pour la Patrie.

Ces détails offrent des faits qui méritent d'être consacrés ; et c'est à ce titre qu'il est infiniment doux et satisfaisant pour moi, de publier aujourd'hui le Journal des Opérations du blocus et du siège que la droite de l'armée d'Italie a soutenus dans Gênes.

Par le concours des efforts de cette aîle droite , par ceux des braves de Maringo , et plus encore par le Génie qui dirigea toutes les opérations de cette Campagne , le nom d'armée d'Italie n'est plus pour nous un mot vide de sens ; ce n'est plus une de ces expressions que l'habitude maintient encore, lors même qu'elle ne rappelle plus que des désastres.

Aujourd'hui ce nom reconquis par la Victoire, est de nouveau, et par l'ensemble heureux des opérations de cette Campagne, un présage certain de triomphe et de gloire.

COUP-D'ŒIL

SUR LA SITUATION

DE L'ARMÉE D'ITALIE,

Depuis le moment où le Général MASSENA *en a pris le Commandement, jusqu'au Blocus de Génes.*

LE blocus de Génes est, par son importance, et par les circonstances qui l'ont accompagné, l'une des opérations les plus faites pour inspirer un vif intérêt aux militaires et à tous les français, et pour tenir une place distinguée dans l'histoire de cette nouvelle guerre de la Révolution.

Afin qu'il ne reste aucun doute à cette égard, il suffit de se rappeler que Génes, (la seule place importante qui nous restât en Italie) se trouvait en même tems l'objet de l'ambition de la maison d'Autriche, et de la sollicitude de la République française ; que Génes, défendu par une poignée de soldats débiles, composant, après les désastres de la dernière campagne, les débris de l'armée d'Italie, fut attaquée par une armée fraîche, vic-

torieuse, et quintuple de la nôtre ; que la prise
de Gênes avait paru si importante à l'Empereur,
que c'est à Vienne que s'arrêta le plan de cette
attaque , dans laquelle on mit à profit nos
maux présens et passés , notre dénuement ,
notre misère , et tous les désavantages de notre
position militaire ; et que la coalition entière semblait avoir en quelque sorte attaché l'honneur de
la campagne , ou du moins de son début, à l'occupation de cette place. D'ailleurs tout devait
d'autant plus évidemment faire desirer aux puis-
sances de la coalition, de conquérir Gênes , et à
la France de le conserver, que l'Empereur parve-
nant à nous l'enlever, se trouvait maître de l'Italie
entière, pouvait espérer de reprendre ses premières
positions sur les Alpes-Maritimes, attaquer la Suisse,
ou avec la réunion de ses troupes, résister aux
efforts que nous pourrions faire de ce côté, ou
enfin renforcer son armée du Rhin ; et que nous,
restant toujours maîtres de Gênes, nous formions
une diversion puissante, qui ne pouvait manquer
de favoriser d'une manière heureuse, les opérations de nos armées dans la Suisse, ou leur entrée
en Italie, par les débouchés du Haut-Piémont (1).

---

(1) Toutes ces vérités étaient si vivement senties par la coalition, que
lorsqu'après un mois du blocus et du siége de Gènes , les Autrichiens et
les Anglais eurent été convaincus de la difficulté qu'ils auroient à se
rendre maîtres de cette Place ; effrayés et découragés par la vigoureuse

Mais indépendamment de ces considérations majeures, et sans même parler des avantages commerciaux que Gênes procure, de quelle importance militaire n'est pas, pour l'armée qui doit faire la guerre dans le Piémont, cette place qui offre en même tems un lieu commode pour les arrivages et les magasins, et un point d'appui infiniment respectable ? De quelle importance n'est-elle pas pour le commerce et la sûreté de la Corse, et de tout le midi de la France ?

Tout fut donc mis en usage par l'ennemi pour s'assurer de cette conquête, qu'il entreprit avec tous les avantages possibles. Suivons la série étonnante des faits qui composent cet historique, et voyons combien le génie peut suppléer aux ressources, et la valeur au nombre.

Mais avant de commencer la narration des faits particulièrement relatifs au blocus, jetons les yeux sur la situation de l'armée, lorsque le général Massena en prit le commandement ; osons entrer un moment dans cet examen douloureux ; pour cela fouillons jusque dans les tombeaux ; et cependant,

---

défense du général Massena, et par les succès étonnans que, malgré la disproportion des moyens, son génie militaire lui procurait contre eux, ils lui firent faire à plusieurs reprises et par tous les canaux qu'il leur fut possible d'employer, les offres les plus brillantes et les plus séduisantes aux yeux de quiconque n'aurait pas préféré la gloire et l'amour de la Patrie à tout autre objet.

afin d'échapper rapidement à ce triste sujet, bornons-nous à en esquisser le tableau, et ne consacrons que quelques-uns des faits les plus avérés. Ecartant ainsi de tristes souvenirs, nous nous épargnerons, de même qu'à nos lecteurs, les détails des horreurs auxquelles cette armée a été réduite, autant néanmoins qu'ils ne seront pas étroitement liés à notre sujet, et indispensablement nécessaires pour donner la mesure des efforts surnaturels, qui facilitèrent à l'armée de reserve ses débouchés en Italie, et auxquels la France dût, pendant les deux mois de son blocus, la conservation de Génes; et par le traité qui le termina, la conservation de l'aile droite de l'armée d'Italie.

Au moment où le général Massena vint à cette armée, tout présageait pour elle d'inévitables désastres; et en effet de quelque côté que l'on portât ses regards, on ne découvrait que des principes de désorganisation et de mort.

Dénuée de tous secours, cette malheureuse armée, dans la misère la plus profonde, achevait l'hiver le plus rigoureux, sur les âpres rochers de la Ligurie.

Pâles, languissans et défigurés, affamés et nus, découragés et abattus, les soldats ne semblaient plus être que des spectres. Les routes étaient couvertes de mourans et de cadavres; et les malheureux qui parvenaient à se traîner jusqu'à un hôpital, y étaient sans paille, sans le plus léger aliment, sans secours d'aucune espèce, et y trouvaient sur un marbre glacé (1), et au milieu des cadavres (que même à la fin dans beaucoup d'hôpitaux on n'enterrait plus que très-tard), une mort plus prompte, plus cruelle, et plus certaine que dans les camps mal sains et sur les routes qu'ils quittaient (2).

---

(1) Presque tous les hôpitaux étaient établis dans d'anciens palais ou dans des églises.

(2) L'horreur que les hôpitaux inspiraient était telle, que beaucoup de militaires restaient malades à leur corps, et aimaient mieux y mourir, que d'aller à l'hôpital; il y en a qui, malgré la neige et les frimats, sont morts à la porte des hôpitaux plutôt que d'y entrer ; il y en a qui, pour terminer les insupportables privations que l'on souffrait dans les hôpitaux, et pour échapper au spectacle des horreurs qui s'y commettaient, se sont jetés par les fenêtres.

Une anecdote achèvera de jeter un jour hideux sur les désordres auxquels cette partie était en proie.

Un officier de santé ne recevant rien de sa solde, pria l'économe d'un des hôpitaux de Gênes de lui donner, pour subsister (en attendant que l'on payât quelque chose sur l'arriéré), une ration de vivres par jour. L'économe la lui promit, *à condition qu'il mettrait au quart de portion des malheureux qui, pour se rétablir, n'avaient la plupart besoin que de nourriture.* L'officier de santé, révolté, refusa avec indignation d'acheter à ce prix le soulagement que le besoin le plus pressant l'avait porté à solliciter.

Ah ! si les vols et les brigandages sont toujours odieux, s'ils crient vengeance dès qu'ils tendent à priver les braves du stricte nécessaire que la loi leur accorde; de quelles couleurs peut-on peindre ceux qui se commettent dans les hôpitaux, où ils font et de la prolongation des souffrances, et de la mort, les objets d'une effroyable spécula-

Ces faits qui prouvent ce que devaient être tous ceux que nous omettons, étaient le résultat du brigandage, autant que de l'abandon; et c'est ainsi que dans ces lieux, où le moindre vol est un assassinat, des français recevaient la mort des mains d'où ils attendaient la vie; et que la peste produite par ce concours de désordres, finit bientôt par dévouer au même sort presque toutes les victimes qui, pendant ces jours de désolation, étaient sans cesse conduites par l'excès des souffrances, dans ces séjours de la douleur, du crime, et du désespoir, pour y être immolées à la cupidité la plus atroce.

Dans l'armée, toutes les parties de service présentaient d'aussi déplorables résultats : partout la misère la plus cruelle faisait les ravages les plus affreux; et comment y remédier ? tout était vide, les magasins, et les caisses; tous les efforts successifs des différens chefs de cette armée, n'avaient servi qu'à prouver leur inutilité; toutes les ressources publiques et privées étaient épuisées; toutes les espérances étaient évanouies; et l'armée, dans cet état pitoyable, se consumait avec une rapidité effrayante, par les épidémies et par les désertions.

---

tion ! Aussi les hôpitaux étaient-ils de véritables tombeaux, des lieux ou l'homme le mieux portant eut infailliblement péri.

Tel était le résultat de l'abandon où la régie avait laissé les hôpitaux, qui, pendant tout ce tems, n'ont reçu les principaux comestibles que par les soins de l'ordonnateur en chef et des commissaires des guerres.

Des maux de cette nature, portés à ce degré, et auxquels le gouvernement Directorial, malgré des promesses sans cesse réitérées, n'avait appliqué depuis sept mois aucun remède efficace, n'avaient pu manquer d'en produire toujours de nouveaux ; et c'est par leur concours, que s'effectuait chaque jour l'entière dissolution de l'armée. Déjà les corps partaient sans chefs, sans ordre (1), et même des généraux, sans congé ni permission. Tout le monde fuyait ces contrées livrées au désespoir, et cherchait à échapper à la mort, qui de tous côtés y paraissait sous la figure la plus hideuse. C'est ainsi que, sans faire usage de ses armes, l'ennemi nous vit, dans la rivière de Gênes, perdre dans un seul hiver (le plus désastreux dont les annales de la guerre puissent faire mention), près de trente mille combattans (2).

(1) Mais aussi quel spectacle plus touchant que de voir des corps d'officiers abandonnés de leurs soldats, rester seuls aux postes confiés à leurs troupes.

(2) C'est ainsi que le général Massena, qui jugea de la force de cette armée par les états qu'il trouva à Paris, ne put manquer de se tromper. Lorsqu'un mois après, il eut la possibilité de vérifier les états de cette armée, il la trouva affaiblie d'un tiers.

Aussi, le 28 nivôse, écrivait-il au Ministre de la Guerre : « La force » de cette armée ne vous est point encore connue, mon cher Général; » elle est bien loin d'être telle qu'elle est portée dans les états que vous » avez reçus jusqu'à présent » : et en effet, les pertes journalières de cette armée étaient si prodigieuses, que jamais le Gouvernement ne

Tel était pourtant l'état épouvantable de cette armée, lorsque le général Massena, par le dévouement le plus généreux, quittant une armée victorieuse et dans l'abondance, en accepta le commandement (1).

---

pouvait être exactement instruit de sa situation. Les états qui étaient destinés à la donner, étaient déjà faux avant même d'avoir pu partir pour le Ministre.

On peut à cet égard citer les faits suivans : En un mois de séjour dans la Ligurie, la 2ᵉ. de ligne perdit sur 2600 hommes, 800 combattans. De 320 grenadiers que la 73ᵉ. de ligne avait encore huit ou neuf mois auparavant, il lui en restait 6. La 87ᵉ. perdit en quatre mois, sans désertion ni combat, 2300 hommes sur 2750 ; et ainsi de presque tous les autres corps.

Enfin, cette armée qui deux mois avant la reprise des hostilités était de plus de 50,000 hommes ; qui dans ces deux mois avait reçu près de 10,000 hommes de renfort ; offrait le 15 germinal un total de 38,000 présens, desquels plus d'un tiers, hors d'état de faire aucun service, n'étaient retenus à leurs corps que par l'effet de la terreur si justement inspirée par les hôpitaux.

Ces faits, et tous ceux de cette nature qui sont rapportés dans cet ouvrage, constatent l'état de désordre et le cahos où se trouvaient encore à cette époque et la France et l'armée, et offrent par un rapprochement aussi facile que consolant, une idée des changemens prodigieux opérés dans la situation de la république, depuis le 18 brumaire an 8.

(1) Quoique très-peu brillant à cette époque, le commandement de l'armée d'Italie ne pouvait cependant manquer de flatter le général Massena. Le premier théâtre de la gloire de Bonaparte est toujours pour la guerre, le premier théâtre du monde ; et le nom seul d'armée d'Italie

Son

Son séjour à Paris (1) et toute sa route, avaient été employés à se préparer des moyens, et à s'assurer de l'exécution des mesures arrêtées par le premier Consul.

Rien n'avait échappé à sa prévoyance ; les dispositions soit militaires, soit autres, étaient également faites. Sans connaître entièrement l'état déplorable de l'armée, il savait cependant qu'elle avait d'immenses besoins ; et sa sollicitude fut telle qu'elle pouvait l'être dans l'ame d'un homme animé de la forte volonté d'arracher cette armée aux maux qui en amenaient journellement la dissolution totale.

De cette manière, il obtint d'une part quelques fonds, avec promesse d'envois successifs (2), et de

conservait encore un prestige de victoires, que tous ses désastres n'avaient pu lui ôter.

Cette armée paraissait toujours n'attendre qu'un événement favorable pour reprendre son premier éclat.

(1) Jugeant de l'état déplorable de cette armée, par le rapprochement de ce qu'il en avait appris, et par la connaissance qu'il avait de sa position ; sachant combien l'état des affaires de la République laissait au Gouvernement peu de moyens de la secourir ; et convaincu néanmoins que dans la Ligurie, elle ne pouvait être nourrie soldée, et habillée, que par la France, il se détermina à se rendre à Paris, et à ne quitter cette ville que lorsqu'il aurait assuré les principaux services de l'armée.

(2) La solde, qui devrait toujours être au courant, à cause des maux que le manque ou le trop d'argent fait aux troupes, était arriérée de cinq, six, et sept mois. Le paiement de cet objet si important fut hypothéqué sur les caisses de départemens, dont l'état fut fourni au général Massena. Indépendamment de cela, il demanda d'être mis à même de payer, en

l'autre, des marchés d'après lesquels l'armée devait être vêtue, nourrie, et approvisionnée (1). Il prévit les dangers de la mer pour les convois que l'armée devait recevoir de France ; et pour les diminuer, il se fit remettre douze lettres de marque pour l'armement de bâtimens destinés à protéger le petit cabotage. Enfin, pour être en mesure dans les cas non prévus, il reçut du premier Consul des pouvoirs extraordinaires, également relatifs aux parties militaires, politiques, administratives, et financières, et s'étendant de même à l'armée active, et aux départemens qui en dépendaient.

Persuadé, d'après toutes ces mesures, qu'il lui

---

arrivant à l'armée, un ou deux mois de solde aux troupes ; cet à-compte lui paraissant nécessaire pour ranimer des hommes qui depuis si long-tems n'avaient rien reçu. Il organisa outre cela, de la part de la compagnie Antonini, chargée des subsistances, un versement de 1,200,000 fr. dans les caisses de l'armée.

(1) D'après le premier de ces marchés, passé avec la compagnie Antonini, cette dernière fut chargée des vivres-pains, des liquides, et des fourrages, à dater du 15 nivôse. Outre le courant, elle devait toujours avoir en magasin 200,000 rations de biscuit à Grenoble, et 600,000 à Nice ; elle devait encore, d'après l'article 9 de son marché, avoir 100 caissons attelés, et 4000 mulets pour les transports de l'armée.

D'après le second, la compagnie Amiette et Valette était chargée des vivres-viandes.

D'après le troisième, dont le Général en chef reçut copie ainsi que des deux premiers, le citoyen Bourset avait la fourniture d'une partie de l'habillement.

serait possible de faire le bien qu'il méditait, il partit pour le hâter.

En se rendant à l'armée, Lyon fut la première ville où son activité eut occasion de se manifester (1).

Les chevaux nécessaires pour remonter l'artillerie et la cavalerie, qui en totalité étaient rentrés en France, devaient y être réunis sous l'inspection du général de brigade Beaurevoir. Des magasins d'habillement et d'équipement devaient y être formés ; tout cela fut pressé par les ordres et les instructions qu'il laissa (2). Arrivé à Marseille, il vit que la compagnie Antonini manquait à tous ses engagemens ; il se hâta d'en prévenir le Gouvernement ; mais afin d'échapper à des retards qui pouvaient tuer l'armée, il chercha au mal qui pressait, un remède prompt.

Il y avait dans ce port douze mille quintaux de

---

(1) C'est à Lyon que l'état affreux de la cavalerie que le Général en chef y trouva, commença à lui donner une idée juste de celui du reste de l'armée. Tout le long du Rhône, il vit les troupes dans le même dénuement, et vivant de réquisitions au milieu de la France même. A Aix, il eut, dans la situation de la 55e. de ligne, un échantillon de celle des autres corps ; et chaque jour il ne fit qu'ajouter aux tristes observations qu'il avait déjà faites, des observations plus tristes encore, et qu'accumuler des faits qui auraient dès ce moment découragé un homme ordinaire.

(2) Le chef de bataillon Salel fut spécialement chargé de diriger sur l'armée active, tout ce qui pouvait se trouver dans les 7e, 8e, et 9e divisions militaires, en effets d'habillement, d'équipement, et de chaussures.

blé, appartenans à des négocians liguriens ; il en traita : à sa sollicitation, le citoyen Ollivari, négociant génois établi à Marseille, cautionna la totalité de ces blés, et de suite les fit expédier (1) pour Génes et la rivière du Ponent.

Le général en chef comptait rester dans cette ville le tems nécessaire pour assurer le départ de tout ce qui était destiné à l'armée ; mais la nouvelle de la mort du général Championnet, et des désordres que l'excès de la misère multipliait chaque jour dans l'armée, détermina son prompt départ. Avant de l'effectuer, il obtint cependant encore des cent premières maisons de cette place, la promesse de quinze mille quintaux de blé, dont il affecta, pour plus grande sûreté, le paiement sur les deniers de la compagnie Antonini (2). Mais dès que le Général fut parti, cet engagement fut

---

(1) Ce grain arriva le jour où les troupes avaient reçu le pain fait du dernier bled qu'il y eût dans les magasins de l'armée.

(2) Son séjour à Marseille fut marqué par beaucoup d'autres travaux qu'il serait trop long de rapporter. Nous citerons néanmoins encore :

1°. Un réglement pour la police de l'extraction des grains.

2°. La proposition faite au Gouvernement, d'un marché d'habillemens, payable, au défaut d'argent, en vieux cuivres existans à Toulon.

3°. Les mesures pour hâter l'exécution du marché d'habillement passé avec la compagnie Bourset, et à laquelle il accorda en paiement une extraction de 22,000 charges de grain.

4°. L'ordre à l'ordonnateur en chef, de passer de suite un marché de 10,000 paires de souliers, payables sur le produit des extractions.

entièrement oublié ; et au moment où, par le caution-
nement dont nous venons de parler, le citoyen Ollivari
contribuait si puissamment à sauver toute l'armée
d'Italie, il faut le dire à la honte du commerce de
Marseille, les cent plus riches maisons de cette ville
aimèrent mieux manquer à une parole que les circonstances devaient rendre sacrée, que de faire entr'elles toutes, pour sauver une armée de Français et
couvrir le Midi, ce qu'un seul étranger venait de faire
par un acte de dévouement que nous aimons à consacrer.

A Toulon, le général Massena prit des mesures
pour arrêter la désertion qui, dans l'armée, devenait
générale ; mesures dont il prépara d'avance l'exécution.

En arrivant à Fréjus, il trouva un bataillon de la
14e. de ligne, qui avait abandonné son poste ; lui
seul le ramena à l'armée.

A Antibes, il trouva le général Marbot (1) ren-
trant en France : il le détermina à ne pas priver l'armée d'un de ses chefs les plus distingués. C'est d'Antibes, qu'il concerta avec les commissaires de la marine

---

(1) Il ne restait en ce moment à l'armée d'Italie, que quatre généraux
de division, savoir ; les généraux Victor et Lemoine, qui la quittèrent
peu après ; le général Miolis, qui se faisait tirer une balle reçue dans la
dernière campagne, et le général Marbot, qui partait.

Cette armée avait fait précédemment une perte irréparable par le
départ du général Gouvion St - Cyr, l'un de ces hommes qui sont toujours trop rares, pour l'honneur de leur patrie.

de toute la côte, les mesures à prendre pour protéger les convois de l'armée ; qu'il chargea encore l'adjudant-général Reille de reconnaître toutes nos positions dans la rivière de Gênes, et de lui en rendre compte, ainsi qu'il venait de le faire de sa tournée dans les Alpes.

A Nice, il arrêta l'épidémie, par la sagesse du règlement de police qu'il y fit, et par les mesures qu'il prit pour assurer l'exécution de ce règlement.

Dans le même tems, il profita du passage de la 25.e légère, et du voisinage de quelques autres troupes, pour faire rentrer dans le devoir quelques corps de la division Miolis, et toute la division Lemoine, composée principalement des 18.e légère, 21.e et 24.e de ligne, qui, rebutées par l'excès des privations qu'elles avaient éprouvées, avaient déserté l'armée, et étaient rentrées en France, demandant des vivres, des vêtemens, et leur solde. Cette victoire qu'il remporta sur le moral de toute son armée, autant que sur ces troupes en particulier, fut en grande partie le fruit de la juste fermeté qu'il sut déployer et communiquer dans cette circonstance critique ; et l'effet des punitions qu'il infligea (1), de la confiance qu'il inspira, et l'on

_____

(1) La 24.e de ligne fut désarmée à Draguignan. La 21.e, forte d'un bataillon, fut incorporée dans les demi-brigades les plus faibles de l'armée. Six compagnies de la 28.e légère subirent le même châtiment. Les deux hommes reconnus les plus coupables furent fusillés dans chacun de ces corps. Les drapeaux de la 24.e et de plusieurs autres demi-brigades, furent portés chez le commandement de la place à Antibes.

peut même ajouter de la force de sa réputation et de
son nom. Ce fut ainsi qu'il arrêta entièrement
cet esprit d'insurrection qui, du centre de l'armée
ayant regagné la droite où il avait éclaté primi-
tivement, avait passé à la gauche, où il se manifesta tout-à-coup dans le deuxième bataillon de la
25ᵉ. légère, l'un des deux corps que le général
Massena avait tirés de l'armée d'Helvétie, et celui
même sur lequel il comptait le plus ; (la 2ᵉ. de ligne
s'étant portée à quelques désordres pendant sa route
de Suisse en Italie). Mais, aussi attentif à louer qu'à
punir, et sachant employer à propos les châtimens et
les récompenses, les éloges et le blâme, le général
donna la plus grande publicité à la bonne conduite du
deuxième bataillon de la 5ᵉ. légère, qui resta fidèle

(La conduite honorable de cette demi-brigade pendant le blocus de
Gênes, les lui fit rendre). La 68ᵉ, moins coupable, obtint de retourner
aux avant-postes. Deux compagnies de carabiniers de la 5ᵉ légère, qui,
avec le 2ᵉ bataillon du même corps et le 2ᵉ de la 74ᵉ de ligne, avaient
quitté leur poste pour rentrer en France, furent cassées ; tous les sous-
officiers qui suivirent ces déserteurs, furent condamnés à mort ; deux
hommes, pris dans chacun de ces corps, et deux dans les carabiniers,
furent fusillés. Les principaux chefs et moteurs de l'insurrection furent
arrêtés et livrés à un conseil de guerre ou à une commission, suivant la
nature des faits qui leur étaient imputés. Les officiers qui, sans avoir
pris une part directe à l'insurrection, l'avaient secrètement favorisée,
furent dégradés et chassés à mesure qu'ils furent connus. Les commandans de place, qui avaient donné des certificats de bonne conduite aux
déserteurs, furent remplacés.

à son poste, malgré toutes les privations, malgré
tout ce que la saison avait de rigoureux, et au mépris
des sollicitations, de l'exemple, et même des menaces
des fuyards (1).

---

(1) Quoiqu'il ne fasse, pour ainsi dire, que passer à Nice, il n'y borne
pas ses travaux à des mesures de police et de discipline : il s'occupe
activement des besoins de l'armée.

Dans l'absolue nécessité de donner des chaussures à des corps, dont
tous les soldats étaient pieds nus, il charge l'adjudant-général Dégiovani de se rendre à Gênes, et d'y acheter, argent comptant, 20,000
paires de souliers.

Il surveille et fait connaître au Gouvernement, tous les entrepreneurs
qui avaient manqué ou manquaient à leurs engagemens, et notamment
la compagnie Bourset, chargée d'une fourniture d'habillemens.

Il approvisionne l'armée en munitions, et forme des dépôts sur la côte
de la Ligurie.

Il réorganise l'état-major de l'armée, et recrée la partie topographique
pour laquelle il n'existait plus rien.

Par des ménagemens et des égards, il tranquillise, calme et encourage
les départemens qu'il parcourt, où avec lesquels il correspond, et les
console par l'assurance de toute sa sollicitude.

L'état affreux des hôpitaux le détermine à prendre jusque dans les
approvisionnemens de siége d'Antibes, pour les secourir.

Afin de purger les côtes, protéger les convois, et faciliter le commerce
des grains, il autorise, le 10 pluviôse, l'armement en course.

Instruit que l'insatiable cupidité, empruntant tous les masques, faisait
exporter les grains, sous le prétexte d'approvisionner l'armée, le général
Massena ordonne, pour arrêter cet infâme commerce, que jour par
jour il lui soit rendu compte des chargemens de grains qui se font sur
les côtes.

Une adresse aux conscrits eut pour but d'arrêter leur désertion, qui
était totale.

Le 21 pluviôse il arriva à Génes : c'est-là que l'attendaient les travaux les plus pénibles.

Réduit à lui-même, il y fit face à tous les événemens, et soutint seul un édifice qui s'écroulait de toutes parts.

Tous les maux dont nous avons parlé, existaient à Génes, et autour de Génes dans toute leur force ; c'était là où l'effet moral qu'ils produisaient sur nos troupes, sur les habitans du pays auxquels rien n'échappait, et par conséquent sur l'ennemi, (qui était instruit de tout par eux) (*A*), nous était le plus funeste, et qu'il était par conséquent le plus urgent d'en arrêter l'excès : aussi doit-on à la vérité de dire que rien ne fut épargné par le général en chef, ni soins, ni efforts, ni veilles ; l'ardeur dans les travaux fut égale à la constance, et par-tout le talent concourut avec le zèle.

Les nuits furent, ainsi que les jours, consacrées à

Un ordre impératif rappela dans les cadres, tous les réquisitionnaires qui se trouvaient dans les administrations.

Pour se créer quelques ressources, il établit un droit sur l'exportation des huiles et l'importation des sels dans la vallée d'Oneille, et règle son mode de perception.

L'espoir d'arrêter par la présence de quelques troupes les désordres auxquels les environs d'Aix servent si constamment de théâtre, lui fit donner à la garnison d'Ancône (qui par Nice rentra en France à cette époque), l'ordre de se rendre dans cette partie du Midi.

l'armée (1); mais la sollicitude de son chef ne pouvait suffire dans un pays où nous avions pour ennemis secrets, tant d'hommes puissans par leur crédit et par leur fortune (2); dans un pays qui ne produit rien, et qui ne peut être qu'un entrepôt; mais où l'on ne recevait rien, et où il eût fallu créer dans le vide.

Les résultats de tout cela étaient pour le général Massena, l'impuissance de faire le bien qu'il s'était promis, c'est-à-dire, de rendre à cette armée l'abon-

---

(1) Une chose qui fut généralement remarquée, c'est l'attention que le Général en chef donna aux moindres affaires, et la justice individuelle qu'il s'attacha à rendre et à faire rendre. C'est d'après cette méthode, bien précieuse chez un homme revêtu d'un grand pouvoir, et malgré le nombre d'affaires dont il était accablé, qu'aucune lettre ou demande ne resta jamais sans réponse.

Le Général en chef était pénétré de cette vérité, que la certitude qu'on s'est occupé de lui, console l'homme qui essuie un refus, et que cette certitude (toujours si satisfaisante pour l'amour-propre), ajoute encore au prix d'un bienfait, et même d'un acte de justice.

On peut même dire à cet égard, que moins il pouvait faire, plus il cherchait à en témoigner son regret, et à manifester le desir de faire, en des tems plus heureux, ce qui alors lui était impossible.

(2) Ce fait fut constaté au moment de la défection d'une partie de l'armée. Le Général en chef eut la preuve que des Génois ne furent point étrangers à ces mouvemens séditieux ; il sut même qu'il y avait eu par eux, de l'argent et des adresses répandues parmi nos troupes, et que dans plusieurs villes de la Ligurie, les chefs connus de la désertion avaient été fêtés.

dance et la santé, sans lesquelles il était impossible d'arrêter tous les abus désorganisateurs que la misère y entretenait et y reproduisait sans cesse : qu'on juge de tout ce que cette impuissance devait avoir de douloureux, pour un homme aussi jaloux de l'honneur national, que de sa propre réputation !

C'est d'après tout cela, qu'il écrivait et répétait au ministre de la guerre : « J'ai beaucoup de cadres et
» peu de troupes ; peu de troupes, et presque point
» d'hommes en état de faire la guerre ; presque point
» d'hommes, et encore moins de moyens ; les déser-
» tions et les ravages des maladies et des hôpitaux
» diminuent encore l'armée tous les jours ; elle est
» nue, déchaussée, affamée, et découragée ; tous les
» services sont abandonnés ; (l'agent de la viande,
» le citoyen Valette, est le seul qui ait paru) (1) ;
» la misère et le désespoir augmentent les maux de

---

(1) Si l'infidélité de tant de fournisseurs a quelquefois arraché à l'écrivain véridique, des expressions dont l'importance du sujet n'a pas pu lui permettre de modérer la force, combien l'écrivain sensible n'aime-t-il pas à pouvoir payer un tribut d'éloges à l'homme qui, dans les opérations de ce genre, a tout fait pour l'armée !

Le citoyen Valette, a laissé à cet égard un exemple à citer ; sa conduite à Gênes offre une suite continuelle de travaux ; son zèle et son dévouement y ont été purs et entiers.

Lorsque l'on y mangea des chevaux, les siens furent les premiers qui parurent à la tuerie.

» cette armée dans une effrayante proportion (1).
» Vous savez à quelles conditions je m'en suis char-
» gé » ; et il finissait par lui dire : « La situation de
» l'armée est telle, que si vous n'envoyez prompte-
» ment des vivres, des hommes, des chevaux, et de
» l'argent, attendez-vous à la perte totale de l'armée
» et de la Ligurie ».

En rendant compte des mêmes détails au premier
Consul, il lui représentait que d'après l'examen de la
ligne occupée par son armée, et les rapports qu'il avait
sur les forces de l'ennemi en Italie, il lui fallait un
renfort de vingt mille hommes au moins pour être à
même de l'empêcher de la forcer, et de couper peut-
être des corps tout entiers, sans qu'il lui fût possible
d'aller à leur secours. Il lui exposait en même tems
que les vingt-deux bataillons auxiliaires destinés à
recruter l'armée (qui depuis quatre mois avait perdu
la moitié de sa force), n'avaient pas produit mille
hommes. Le fait est qu'au lieu d'une armée de cinquante mille hommes que le général Massena devait
avoir, il n'en avait pas, depuis le Mont-Cénis jusqu'à
Gênes, vingt-cinq mille sur lesquels il pût comp-

(1) Les maladies et les désertions enlevaient chaque jour à l'armée la
valeur d'un demi-bataillon. Il y avait des demi-brigades qui perdaient par
jour jusqu'à quatre hommes par compagnies. Les trois bataillons de la
73e, formèrent à la fin du blocus, à peine trois pelotons.

ter (1). Et cependant, loin de se décourager et de partager l'abattement général, son ame se fortifiait des obstacles et des difficultés qu'il rencontrait. Il ranimait et soutenait tout ce qui l'entourait ou communiquait avec lui, et donnait ainsi aux hommes publics un grand exemple, celui de ne voir dans les

---

(1) Le bataillon de la Lozère arriva à Nice, fort *d'un homme* ; mais cette circonstance, qui, pour l'armée d'Italie, prouva la nullité de cette mesure de l'ancien Gouvernement, ne fut pas le seul grand mal qui en résulta : on peut en citer deux autres ; le premier, les dépenses énormes que l'on fit pour ces bataillons auxiliaires, qui, en partant de leurs départemens, étaient armés, équipés, et habillés à neuf, soldés à la journée, et qui en sept ou huit jours de marche furent à-peu-près tous dissous : le deuxième, cette foule d'officiers, qui, après une longue oisiveté, fruit de l'inconduite chez plusieurs d'entr'eux, n'ayant pas su conserver un des soldats qui leur avaient été confiés, arrivèrent à l'armée sous le nom du bataillon qu'ils avaient été chargés d'y conduire, et, leur vieux brevet à la main, réclamèrent, suivant la loi, des postes que, de cette manière, ils prétendaient enlever à la valeur et à la bonne conduite.

Le Général en chef, qui sentit combien cet abus était fait pour détruire l'émulation et jeter le découragement dans les corps, résolut de l'arrêter.

Il renvoya à cet effet plusieurs de ces corps d'officiers dans leurs départemens, sous le prétexte d'y rechercher les hommes qu'ils avaient dû conduire à l'armée, et fit partir les autres pour Aix, afin d'y attendre, par l'organe de l'inspecteur-général Ernouf, des ordres du Ministre de la Guerre.

Mais en même tems, le Général en chef fit un appel à tous les réquisitionnaires qui devaient recompletter ses cadres, et l'adressa, par forme de proclamation, et avec des lettres extrêmement fortes, à tous les départemens qui devaient concourir au recrutement de son armée.

contrariétés qu'ils éprouvent, que des motifs de re-
doubler d'efforts et de constance.

Dans cet état de choses, une nouvelle organisation de l'armée était un moyen d'y rétablir un peu
l'ordre, l'harmonie, et la confiance, et d'arrêter au
moins sa dissolution totale. Il le sentit, et, par une
refonte générale, il chercha à donner à cette armée une
consistance nouvelle : pour cela, il changea ou dé-
plaça tous les généraux (1), en même tems qu'il fit
une répartition nouvelle des troupes.

L'armée ne pouvait ignorer sa sollicitude pour
elle ; malgré le peu de moyens qu'il avait, les troupes
avaient reçu un à-compte sur leur arriéré de solde ;
quelques vêtemens, des souliers sur-tout avaient été
distribués ; à mesure que le Général se procurait
un peu de blé, le pain était meilleur, les distributions plus régulières, et la ration plus forte ; les
hôpitaux sur-tout avaient été recréés (2).

(1) La nécessité de donner de nouveaux chefs à cette armée, qui ne
pouvait plus voir sur la physionomie des siens, malgré leur mérite et
leurs services, que les souvenirs de ses défaites passées, le détermina à
appeler en Italie les hommes qui, par leurs talens, leur énergie, et leur
attachement pour lui, avaient le plus complettement justifié sa confiance
en Helvétie. De ce nombre étaient particulièrement les généraux Soult,
Oudinot, Gazan, Brunet, etc. etc. qui dans les différentes chances de la
fortune, justifièrent toujours également son amitié et sa confiance.

(2) On ne peut se dispenser de nommer ici le citoyen Vernet, chirur-
gien en chef de l'armée, et dont le zèle, uni aux talens, conservèrent
à la patrie un si grand nombre de ses enfans.

Ces améliorations momentanées dans la situation des troupes, fournirent une occasion dont le général Massena se hâta de profiter pour rétablir entièrement la discipline, ce nerf des armées que tout concourait à détruire, et sans lequel pourtant les soldats ne sont plus que des brigands armés. « Songez, disait-il aux
» soldats, que la continuation de votre indiscipline
» serait à-la-fois un sujet de joie et de triomphe
» pour vos ennemis, et un sujet de honte et de dé-
» sespoir pour vos familles ; en même tems qu'elle
» vous ferait encourir la juste indignation de la
» France entière, elle vous attirerait des châtimens
» exemplaires et terribles » (*B*).

Le service de la place de Génes nécessitait une forte garnison ; il en débarassa en partie l'armée, en ordonnant la mise en activité de toute la garde nationale, et en la rendant responsable de la tranquillité publique. Mais si dans Génes, des patriotes Liguriens osaient seconder nos efforts, hors de la ville, les paysans nous faisaient une guerre très-active.

Une grande partie de la rivière du Levant était depuis plusieurs mois en pleine insurrection. Quelques désordres commis par nos troupes avaient été le prétexte de cette prise d'armes ; je dis *prétexte*, parce qu'en Italie, celui qui fléchit devant un ennemi supérieur, est toujours sûr (quelque cause qu'il défende), d'être de suite accablé par une populace nombreuse, oisive, lâche, et avide, et qui ordinairement est excitée et conduite à ces désordres intestins par ses prêtres mêmes. Cette vérité, consacrée par l'histoire de toutes les guerres qui ont été faites en Italie, découle du caractère national de ce pays, de même qu'elle le décèle.

Cependant cet incendie faisait des progrès d'autant plus allarmans, qu'il menaçait de gagner le Ponent, et par-là d'envelopper Génes ; circonstance digne de l'attention la plus sérieuse.

Le 5o pluviôse, le Général en chef avait fait répandre dans toutes les Vallées insurgées, une proclamation dans laquelle, au nom de leurs intérêts les plus chers, de la sûreté de leurs propriétés, de celle de leurs familles, et de leur propre conservation, il invitait les paysans révoltés à rentrer dans le devoir : « *Songez*, leur disait-il, *que les colonnes sont* » *prêtes à s'ébranler* ». Dans une seconde, il leur annonçait que les voies de la conciliation avaient été vainement épuisées : « *déjà*, ajoutait-il, » *la vengeance nationale est commencée ; elle a* » *produit l'incendie et la mort.......* Au milieu de » *ces calamités, j'élève encore la voix pour les* » *faire cesser* ».

L'erreur, la superstition, avaient tout fanatisé, au point que les moyens de la persuasion produisirent peu d'effet. Le soulèvement devenait même général (1) ; et ces brigands, sourds à la voix de la raison

_____

(1) Pour achever de faire concevoir les motifs de cet embrâsement,

et

et de l'humanité, ne pouvaient plus être contenus que par la force et par des châtimens proportionnés à leurs crimes. La première division de l'armée fut donc chargée de réprimer leur audace ; et à différentes reprises, elle exécuta avec succès des mouvemens contre eux (1).

---

nous croyons devoir observer à nos lecteurs, que Gênes n'est pas pour les Liguriens, ce qu'une autre capitale est pour un autre peuple ; et ce fait résulte, 1°. de l'autorité presque sans bornes que les grandes maisons de Gênes ont sur le peuple de ce pays ; 2°. de l'idée que ne peut manquer de donner d'elle cette ville superbe, qui est pour ainsi dire, la seule ville de la Ligurie, et pour laquelle par conséquent il n'existe aux yeux des habitans des monts qui l'enveloppent, aucun point de comparaison ; et 3°. de l'effet que ne peut manquer de produire sur un peuple ignorant les ouvrages qui la défendent. Aussi Gênes est-elle encore pour les Liguriens, l'objet de leur ancien culte pour leur gouvernement détruit ; l'objet de leur orgueil national ; leur refuge dans les calamités, et comme leur Palladium. C'est pour toutes ces raisons qu'afin de la sauver des attaques des autrichiens, les prêtres et les nobles eurent en 1746 si peu de peine à faire, pour ainsi dire, croiser tous les paysans de la Ligurie contre l'armée de M. de Schulembourg ; et qu'en 1800, ces mêmes prêtres des campagnes étant parvenus à présenter à ces mêmes paysans, notre destruction comme le seul moyen de délivrance pour Gênes, les soulevèrent presque généralement, et leur firent oublier leurs haines les plus invétérées, en les alliant avec les autrichiens, et avec les piémontais.

(1) Au milieu de tous ses travaux pour pacifier cette Vendée ligurienne, pour contenir la ville de Gênes, pour réorganiser toutes les parties administratives de l'armée, et pour subvenir aux besoins si multipliés et sans cesse renaissans des troupes, le Général en chef était à chaque instant arrêté par le manque total d'argent, ce nerf si puissant de la guerre.

Cette circonstance embarrassante par-tout, l'était doublement en Italie, où l'argent est le mobile, le principe, et le but de tout, et l'ame des ames,

Dans cet état de pénurie dans lequel le peuple et l'armée végétaient dans la Ligurie, ce qui affligeait le plus le Général en chef, c'était de ne pouvoir approvisionner ni Gavi ni Savonne. Il avait déjà fait à cet égard d'inutiles tentatives ; mais n'ayant jamais eu de quoi nourrir l'armée, comment pouvait-il trouver de quoi approvisionner ces places ? A cet égard, une circonstance le servit, du moins en partie.

Le commerce de Gênes reçut vers le premier germinal quelques bâtimens de grains, et le général Massena se hâta de profiter de leur arrivée pour faire former l'approvisionnement de Gavi. Vu l'urgence, cette mesure fut ordonnée et exécutée de suite ; et sûr de pouvoir de cette manière mettre ce fort en état de résister à un blocus de trois mois, il ordonna en même tems que l'on en réparât tous les ouvrages (1).

(si cela peut se dire). Le besoin de se mettre à même de faire face aux dépenses les plus indispensables, le détermina à demander au gouvernement ligurien un emprunt forcé de 500,000 francs, le seul qui ait été mis à Gênes, et à l'acquittement duquel les maisons les plus riches furent seules appelées à concourir.

(1) Le défaut d'argent empêcha l'exécution de toute espèce de travail, ce qui annulla par le fait l'ordre ci-dessus mentionné. Mais quoique les fortifications de cette place n'aient pas pu être mises dans l'état le plus desirable, elle n'en fut pas moins le seul point de l'Italie continentale où le drapeau tricolor flotta constamment ; et pour ainsi dire, le refuge de la Liberté italique ; la seule place enfin qui résista à ce torrent, qui roulant ses ondes du Nord au Midi, submergea pour un tems l'Italie toute entière.

Les bâtimens de la marine ligurienne furent de même l'objet de son attention particulière, et il employa tout pour les mettre en état de donner une véritable protection aux convois qu'il attendait par mer, et pour la prompte et sûre arrivée desquels il n'avait rien épargné. Mais à peine terminait-il tout ce que sa position pouvait lui permettre de faire directement pour l'armée, que déjà il s'occupait de nouveaux moyens de la servir (C).

Justement mécontent de ne voir prendre aucunes des mesures propres à hâter suffisamment l'approvisionnement de Génes, ses regards s'arrêtèrent bientôt sur le gouvernement provisoire de la Ligurie : il en examina la force et la moralité, et il acquit rapidement la preuve que ce n'était qu'un composé de faiblesse et de mauvaise volonté. Cette conviction, et celle que tous les jours il devenait plus important pour l'armée française et la liberté génoise, d'avoir à la tête des affaires liguriennes, des hommes amis des deux Républiques, lui démontrent la nécessité d'ôter son influence à la majorité actuelle de ce gouvernement, d'en obtenir une qui voulût et fît le bien ; et d'échapper à cette force d'inertie, plus terrible dans les affaires qu'une opposition réelle.

De concert avec le citoyen Belleville, alors commissaire des relations commerciales de la République française à Génes, il parvint à ce but, en faisant donner leur démission à ceux des membre du gouver-

3..

nement ligurien qui convenaient le moins aux circonstances, en les remplaçant par des hommes généralement estimés, et en portant le nombre de ces membres
de neuf à quinze (1).

La première opération de ce nouveau gouvernement
fut d'envoyer de tous côtés, des commissaires pour
presser la venue du grain attendu, dont la disette
produisait dans Gênes une fermentation qui chaque
jour se faisait sentir davantage.

Une autre, non moins sage et non moins urgente,
consista à faire vendre dans les quartiers les plus populeux de la ville, et à très-bas prix, des soupes nour-
rissantes (2).

---

(1) Occupé en même tems des besoins de l'armée et des intérêts de la
Ligurie, il travaille à débarasser ce pays de toutes les charges inutiles.
A cet effet, il fait cesser les doubles emplois dans les distributions ; et
ne trouvant au-dessous de lui rien de ce qui peut produire le bien, il
porte l'économie dans les dépenses publiques, en faisant supprimer
les frais d'administration qui ne sont pas indispensables.

Par suite de cette opération, il prend, avec l'ordonnateur en chef
Aubernon, des mesures pour réprimer les abus auxquels se livraient les
employés des administrations françaises, et par-là il arrête le mécontente-
tement sourd, mais assez général, qui en résultait. Il en fait diminuer
le nombre, ordonne à tous ceux non employés de repasser le Var, et aux
autres de ne jamais quitter l'habit qu'il leur assigne. Il rappele de la
manière la plus forte, l'article du code pénal qui est relatif aux militaires
ou employés qui prennent plus de rations qu'il ne leur en revient ; enfin
il travaille à mettre dans chaque partie les hommes à leur place, et à
tout réorganiser dans cette armée, où tout était désorganisé.

(2) Les troupes de la garnison de Gênes profitèrent de cette mesure,
et firent en partie usage de ces soupes.

Le Général en chef de son côté, fit exécuter avec tant de rigueur l'ordre qui prescrivait à tous les Italiens réfugiés de se rendre à Dijon, qu'il débarrassa Gênes d'un grand nombre de bouches inutiles.

Les corsaires armés en course, d'après son arrêté du 10 pluviôse, avaient fait différentes captures.

Suivant les lois de la marine, ces prises ne pouvaient cependant être réputées bonnes, parce que les bâtimens capteurs n'étaient par porteurs de lettres de marque. Le commissaire des relations commerciales à Gênes, juge naturel de ces causes, ne pouvait donc en connaître ; et ces prises restaient dans le port, sans que rien se décidât sur leur compte. Une grande partie des cargaisons se gâtait ; les bâtimens se détérioraient, les agrès se volaient ; les matelots mouraient de faim ; un grand nombre de ces bâtimens étaient déjà abandonnés ; tout était en souffrances, et tout était perte sans profit pour personne. Les bâtimens de bonne prise étaient perdus pour l'armée, qui avait toujours le plus grand besoin d'argent ; et pour les armateurs, qui ne retiraient aucun fruit de leurs risques et de leurs avances. Les bâtimens de mauvaise prise étaient perdus pour leurs propriétaires, auxquels on ne pouvait les contester, et qui néanmoins ne savaient à qui les réclamer.

Dans cet état de choses, le Général en chef créa, le 4 germinal, une commission qu'il chargea de faire vendre ceux de ces bâtimens qui seraient jugés de bonne prise, et de faire rendre les autres.

L'adjudant-général Thiébault fut nommé président de cette commission, qui de plus fut composée des citoyens Bruis, officier de marine, et Dubreuil, homme de loi.

Rien n'échappa à l'active prévoyance du Général en chef; mais malgré toutes les mesures prises par lui pour améliorer le sort de l'armée, le succès ne répondait pas à ses espérances. L'armée n'avait éprouvé qu'un mieux momentané, n'ayant même reçu qu'une partie du grain que le général Massena lui avait assuré à Marseille; et ce grain étant consommé, elle vivait à la journée, du grain acheté sur les lieux à un prix excessif, ou fourni par le gouvernement ligurien, et ne recevait le plus souvent qu'une partie des rations ordonnées par la loi (1); elle était même toujours à la veille de manquer totalement de pain.

Le peuple n'en avait que deux onces par jour.

---

(1) La faim que nos soldats éprouvaient était telle, qu'ils mangeaient toutes les racines et les herbes qu'ils pouvaient découvrir sur les rochers arides qu'ils défendaient : c'est ainsi que toute une compagnie de la 24ᵉ de ligne s'empoisonna en mangeant une soupe de cignë. A la fin, les hommes de corvée des corps un peu éloignés de Gênes n'avaient plus la force de venir aux distributions. Il est vrai que faute de moyens de transports, ils étaient obligés de tout porter eux-mêmes, et cela quelquefois à 5 et 6 milles dans les montagnes : or, cet effort n'était pas compatible avec leur faiblesse.

Cette misère générale (1), cette appréhension continuelle de disette étaient accablantes. Tout contrariait
les vœux du Général en chef, et annullait ses efforts.
En effet tout semblait se réunir contre lui ; la négli-
gence des uns, la mauvaise foi des autres, l'incapacité,
le défaut de moyens, et les vents qui, pendant plus
de quatre mois (circonstance qui n'était jamais arrivée),
restèrent constamment contraires à l'arrivage des convois venant de France à Gênes. Les dieux et les
hommes paraissaient conjurés pour assurer la perte
de l'armée et de la Ligurie, ou pour préparer, par la
difficulté du succés, la gloire la plus brillante à celui
qui, malgré tant d'obstacles, parviendrait à un résultat heureux (*D*).

C'est ainsi que le général Massena ne sortait d'un
embarras que pour tomber dans un embarras nouveau. Le plus cruel de ceux qu'il éprouva, fut occa-
sionné par la compagnie Antonini qui, après les
retards les plus inouis, manqua à tous ses engagemens, au moment où elle avait semblé être en mesure
d'y satisfaire (2), et ne fit prendre un instant le

---

(1) Cette misère était telle, même dans l'armée, que l'on vit des militaires, après avoir vendu tout ce qu'ils possédaient et jusqu'à leurs armes,
employer une partie de la nuit à parcourir les rues de Gênes pour y
demander l'aumône et du pain.

(2) Depuis le..... un nommé Flachat, agent coupable de la compagnie
Antonini plus coupable que lui, était arrivé à Gênes pour prendre enfin

service que par des agens qui, sans moyens, furent
obligés de l'abandonner aussitôt (1).

Mais en châtiant Flachat, agent de cette compagnie, le Général en chef s'occupa de trouver un
remède aux maux faits par lui. Les difficultés à cet égard
paraissaient insurmontables, et tout concourait à les
multiplier. L'éloignement du payeur général, qui était
à Nice, mettait la plus grande gêne dans la disposition

---

le service des vivres - pain, des fourrages et des liquides. Il annoncait
de grands convois partis de Marseille, et destinés à l'armée; il ne lui
fallait plus, disait-il, que le tems nécessaire pour les recevoir, pour que
les services fussent à jamais assurés.

Pour le mettre en état de les attendre, le gouvernement ligurien, à la
sollicitation du Général en chef, avait consenti à nourrir encore l'armée
pendant dix jours, c'est-à-dire, jusqu'après le délai obtenu. Mais le 2
germinal, toute l'armée, depuis le Mont-Blanc jusqu'à Gênes, se trouva
compromise par le manque de tous les services. Dans cette cruelle extrémité, le Général en chef, par une résolution que les circonstances justi-
fiaient trop bien, ordonna que Flachat fût de suite arrêté à Gênes, et
que son délégué Sonnera, le fût à Nice : mais afin de ne pas prendre
une demi - mesure dans une affaire aussi grave, et pour réunir toutes
les pièces nécessaires à leur procédure, il ordonna la saisie de tous leurs
papiers et de toutes les lettres qui arriveraient à la poste pour eux, et fit
arrêter un courier qu'il savait en route avec des dépêches de la compagnie
Antonini pour Flachat. Il fit de même défense au payeur d'effectuer
aucun paiement sur les fonds de la compagnie Antonini, ou au compte
de Flachat.

(1) Plusieurs agens et employés de cette compagnie, disparurent
dans une nuit, au moment où l'on croyait pouvoir compter sur
eux.

du peu de fonds existans. Le gouvernement Ligurien était sans moyens et sans crédit pour faire lui-même des importations considérables. Les habitans épuisés, fatigués, étaient de plus sans confiance. Les principales maisons de commerce, dont la bonne-foi avait souvent été trompée; auxquelles, sous le prétexte de nourrir les troupes qui étaient dans la rivière du Ponent, on avait enlevé pendant leur trajet et à coups de canons, le grain qu'à la sollicitation du gouvernement et des chefs de l'armée, et malgré la vigilance si active des anglais, ils étaient parvenus à tirer de France; auxquelles on avait promis des primes que l'on ne paya jamais; auxquelles même on fut, par le malheur des circonstances, contraint à différentes reprises, de prendre par force le peu de grain qui, malgré tant d'obstacles, arrivait jusqu'à Génes, ne voulaient plus se mêler de semblables opérations, qui par le fait avaient été ruineuses pour tous ceux qui les avaient tentées.

Cependant la maison Laflèche et Guyot de la Pomeraye, connue par son inaltérable probité, et en mesure d'exécuter les plus grandes opérations de ce genre, à cause de ses relations avec la maison Dollier de Marseille, osa encore se charger d'une fourniture de ce genre, et s'engager en conséquence à livrer à Génes pour l'armée 18000 quintaux de bled et 3000 quintaux de légumes (1), quantités qui d'après le

(1) Si par l'évènement, la fourniture du citoyen Laflèche ne fut d'aucun

marché ne devaient leur être payées que sur le prix porté dans les factures d'achat.

Mais par le double motif d'intéresser plus fortement cette nouvelle compagnie à cette entreprise, et pour sauver de la famine la Ligurie en même tems que l'armée, le Général en chef accorda à ces mêmes négocians une autorisation pour extraire de Marseille 30,000 charges de bled et 10,000 de légumes (1).

secours réel pour l'aîle droite de l'armée, elle sauva les divisions du centre, lorsqu'elles furent forcées de se replier sur le Var ; ce sont ces mêmes grains qui mirent le général Suchet en état de tenir cette ligne et de reprendre bientôt l'offensive d'une manière si brillante.

L'opération du citoyen Lafleche présente encore cet autre avantage : c'est qu'au moyen des achats effectués par ce négociant à Gênes même, pendant que nous étions dans l'attente de l'arrivée des grains achetés à Marseille, toute l'aîle droite a vécu jusqu'au 22 germinal, ressource infiniment heureuse, en ce qu'elle nous faisait gagner du tems sans user le crédit de l'armée, et nous permettait de différer l'application des moyens supplétifs auxquels il fallut recourir ensuite.

Observons enfin que malgré les soins du gouvernement dans le choix des entrepreneurs, pour assurer le service de l'armée d'Italie, malgré les efforts du général Massena et de l'ordonnateur en chef Aubernon, la fatalité des circonstances a été telle, que l'aîle droite, chargée de la défense de Gênes, n'a reçu aucun secours, et a toujours été forcée de puiser sur le territoire qu'elle occupait.

(1) En accordant cette extraction à ces négocians, le Général en chef obtint encore d'eux qu'ils imputeraient sur le prix de leur fourniture des 18,000 quintaux de bled et 3,000 de légumes, 250,000 fr. provenant d'un droit de 7 fr. par chacune des 30,000 charges de bled et des 10,000 charges de légumes, destinées à la Ligurie.

Cette double opération ainsi arrêtée, la maison Lafleche et Guyot commença à livrer quelques grains qu'elle avait à Gênes, et le citoyen Guyot se rendit de suite à Marseille pour faire les achats et les expéditions ; le Général en chef y envoya de son côté le général de brigade Franceschy avec des pouvoirs extraordinaires, 1°. pour saisir et faire expédier pour l'armée tous les grains achetés ou harrés par la compagnie Antonini, et 2°. pour faire faciliter et hâter l'arrivée non-seulement de ces grains (1), mais même de ceux de la compagnie Lafleche (2). L'activité éclairée de ce général, était d'un présage heureux pour l'effet de cette mesure, qui était d'autant plus urgente, que l'insurrection de la Corse ôtait l'espoir de tirer des secours de cette isle, et de voir réussir l'expédition de Sardaigne, dont l'ex-représentant Salicetti et le général

---

(1) Ce qui achève de prouver que la compagnie Antonini trompait avec une égale impudeur et le gouvernement et l'armée, c'est que l'on ne trouva à Marseille ni bled acheté ni bled harré à son compte, et que les troupes employées dans l'intérieur éprouvaient la même disette. Qui croirait en effet qu'à Toulon il n'y avait souvent pas pour trois jours de vivres ; qu'à Aix les troupes vivaient à la journée, et que dans la plupart des communes du Midi, on ne pouvait suffire aux distributions des troupes sédentaires et de passage ?

(2) Afin d'entourer son opération de toute la sûreté possible, et ne rien épargner pour l'accélérer, le Général en chef engagea le général Saint-Hilaire, commandant à Marseille, le général Vence, commandant des armes, et l'ordonnateur de la marine à Toulon, à concourir à sa prompte réussite.

Cervoni devaient être chargés, et qui pour l'approvisionnement de Génes, aurait fourni d'immenses ressources.

Dans le même tems, le général en chef Massena
fit passer à l'ordonnateur en chef, un marché pour la
fourniture des fourrages à la compagnie Bresson ; cette
mesure était d'autant plus urgente, que le Général,
instruit des mouvemens de l'ennemi, et sentant la nécessité de réunir son armée et de former des masses,
avait déjà donné ses ordres pour que trois régimens de
cavalerie se rendissent à Génes.

Dans la satisfaction que le Général en chef éprouva
de ces différentes opérations, il paya publiquement
un tribut au citoyen Aubernon, ordonnateur en chef
de l'armée, en avouant que c'était en grande partie à
la confiance dont il était revêtu et à sa courageuse
persévérance, que l'armée devait la conclusion de ces
marchés ; de même que dans la suite, le général
Massena se plût à dire que c'était par ses soins actifs,
et par l'application des moyens les plus extraordinaires, que l'on obtint le développement inattendu de
tant de nouvelles ressources, lorsque la pénurie
semblait avoir atteint son dernier période.

Mais que font aux maux présens et urgens, des
remèdes qui ne peuvent agir que dans la suite ? Aussi,
tout en comptant sur un avenir plus heureux, les
embarras se multipliaient-ils toujours, et l'espoir
alors fondé de les voir sous peu terminés, était-il

pour le Général en chef un soulagement d'autant plus faible, que tout l'hiver s'était passé en vaines espérances et en une attente inutile ; qu'il était arrivé au moment où les débouchés des Alpes étaient devenus praticables ; qu'il savait que l'ennemi se préparait à rentrer en campagne, commençait à se rassembler, manœuvrait sur toute sa ligne, et déjà serrait les avant-postes de l'armée française ; qu'il ne pouvait se dissimuler que ses troupes n'étaient pas en état de faire la guerre, et qu'il voyait leur découragement augmenter chaque jour, avec le prolongement de leurs maux. En effet, l'ennemi s'était renforcé et refait, pendant qu'en Italie l'armée française avait continué à se fondre et à s'anéantir.

De ces faits découlait une conséquence accablante ; c'est que, forcée dans ses positions, l'armée n'avait en grande partie que Gênes pour retraite, et Gênes n'était pas approvisionnée ; Savone même n'avait pu l'être. D'un côté, le Gouvernement ligurien déclarait ne pouvoir plus concourir à nourrir les troupes ; et pour surcroît de douleurs, les maladies continuaient leurs ravages (1) ; et pour comble d'embarras,

---

(1) Dans cette position vraiment désespérante, il n'y avait réellement plus qu'un simulacre d'armée. Les désertions, la faim, et les maladies qu'elle produisait, enlevaient tous les jours 3 à 400 hommes à l'armée, et il était à craindre que ces causes réunies ne parvinssent avant peu à la dissoudre entièrement.

l'argent, si nécessaire dans une armée où tout abonde, manquait absolument dans celle-ci, où tout manquait avec lui (1). La poste des couriers, et des officiers de tout grade, portait sans cesse ces affligeans détails au premier Consul ; mais la position de l'armée était telle, qu'elle ne pouvait être secourue où elle était. C'est une vérité que le Gouvernement n'avait pas pu avouer, mais qu'il est facile d'établir ; et en effet, il lui aurait fallu, à cette armée, des sommes énormes pour changer sa situation ; et de moindres dépenses pouvaient créer une armée toute entière. Il lui aurait fallu en infanterie d'immenses renforts : or, les troupes ne pouvaient y arriver qu'après une marche aussi longue que fatiguante, et il n'y avait pas même dans la Ligurie de quoi nourrir et solder le peu de troupes qui y étaient. Il lui aurait fallu de la cavalerie, et l'on n'avait pas même le fourrage nécessaire pour faire vivre le petit nombre de chevaux des généraux employés dans l'armée. Il lui aurait fallu de l'artillerie, et il n'y avait pas de route pour l'amener, pas de chevaux pour la conduire, et pas de fourrages pour nourrir les chevaux. La mer, le seul moyen de nous procurer de grands transports à Gênes, était entièrement cou-

---

(1) Le peu de fonds successivement arrivés avaient été absorbés aussitôt par l'immensité des besoins de toute espèce, dont l'armée et tout ce qui y tenait, étaient pressés.

verte de bâtimens ennemis ; et, indépendamment de tout cela, comment songer à former de grands rassemblemens dans un pays infesté par les épidémies ; dans un pays où nos troupes ne pouvaient arriver qu'après avoir marché plus d'un mois dans des routes pleines de squelettes échappés aux hôpitaux de la Ligurie, et où elles ne pouvaient manquer d'être excitées à la désertion, d'un côté par le mauvais esprit d'une grande partie des habitans du Midi, (qui profitaient du passage des troupes pour acheter les armes des soldats, et solder leur défection); et de l'autre, par tout ce qu'elles apprenaient de décourageant sur le compte de l'armée ?

Des considérations de cette nature, et peut - être encore les avantages d'un mouvement général sur le centre de toutes les positions occupées par les armées ennemies, décidèrent probablement le premier Consul à entrer en Italie par la Suisse et par le Haut-Piémont ; à faire cette conquête avec une armée qu'il organisa sous le nom d'*Armée de Réserve*, et à surprendre l'ennemi par le secret impénétrable qu'il garda sur ce plan.

C'est ainsi que Bonaparte, qui avait embrassé toutes ces vérités, et découvert du même coup-d'œil le seul moyen de reconquérir l'Italie, ce théâtre d'une partie de ses victoires, paraissait ne vouloir faire qu'une campagne défensive en Italie, tandis qu'il préparait tout pour y reprendre l'offensive la plus brillante. C'est ainsi que tout le monde prit le change sur ses intentions secrètes. C'est ainsi qu'il prépara le salut de l'armée qu'il feignait de négliger, et sa rentrée glorieuse en Italie, qu'il paraissait oublier. C'est ainsi que dans cette opération, qu'on ne saurait assez admirer, tout portait l'empreinte de son génie créateur; tout, et le plan en lui-même, et les difficultés vaincues, et le secret dont il fut couvert, et le mode et la rapidité de son exécution. C'est ainsi que, semblable aux dieux, dont les foudres se forgent dans le silence et n'éclatent que pour frapper, Bonaparte ne découvrit ses desseins qu'à l'instant où l'ennemi étonné le vit de nouveau redescendre les Alpes.

Quant au général Massena, qui ne pouvait penser que l'armée de Réserve pût être prête pour une opération semblable (1), ni par conséquent en mesure de secourir l'armée d'Italie, il n'eut pas moins la

---

(1) La rapidité de la création de cette armée de Réserve, tient réellement du miracle ; et jamais elle n'eût été organisée à tems pour le rôle qu'elle a joué, sans deux circonstances également rares et heureuses. Ces deux circonstances furent, 1°. que cette opération fut conduite par un homme d'un génie extraordinaire ; 2°. que cet homme de génie se trouva à la tête du Gouvernement.

Les Autrichiens ne pouvaient en effet croire à la force de l'armée de Réserve, et leur conduite prouve combien peu ils y croyaient. D'abord M. de Mélas ne la jugea guères que de 15,000 hommes. Lorsqu'à Vienne on annonça à Thugut que cette armée qui venait de reconquérir la Lombardie, était de 50,000 Français, il s'écria : *Ils sortent donc de terre !*

douleur

douleur de se voir bloquer dans le moment où la
pénurie et la misère étaient à leur plus haut degré;
dans le moment où l'armée, sans fournisseurs, et
après avoir épuisé une grande partie des ressources
locales, n'avait pas dans ses magasins pour vingt-
quatre heures de pain (1); et où, pour comble de
malheurs, il attendait à l'aile droite trois demi-brigades
et trois régimens de cavalerie (2), et qu'il savait deux
millions arrivés à Nice, et les dix-huit mille quintaux
de blé expédiés de Marseille pour Gênes, par la compagnie Guyot (3).

Mais au 15 germinal, l'ennemi, qui par son
attaque ne nous laissa pas le tems de recevoir ces
secours, détruisit à-la-fois toutes nos espérances
d'argent, de vivres, et de renforts (4). Aussi, comme

(1) Une circonstance qui fut heureuse au milieu de tant d'autres si
différentes, c'est que dans les premiers jours de germinal, plusieurs
particuliers de Gênes avaient reçu du bled et des légumes. Aussi peut-
on dire que, bloquée quinze jours plutôt, Gênes tombait en peu de
jours, et que bloquée quinze jours plus tard, Gênes était approvisionnée.

(2) Ces trois demi-brigades étaient les 6ᵉ et 60ᵉ, venant de la Vendée,
et la 104ᵉ, venant de la gauche; les trois régimens de cavalerie étaient
le 10ᵉ de hussards, le 13ᵉ de chasseurs, et le 12ᵉ de dragons.

(3) Le convoi qui transportoit les bleds était parti de Marseille le
8 germinal; mais les vents lui furent si constamment contraires, que
lorsque, le 15, la flotte anglaise forma le blocus de Gênes, il n'avait pas
encore pu doubler le cap si difficile de Noli.

(4) Quelqu'ait pu être l'issue du mouvement de M. de Mélas contre

nous n'étions point en mesure, et qu'il n'y avait aucun équilibre de forces ni de moyens entre nous et lui ,

---

Gênes, on ne peut disconvenir que son entrée en campagne ne soit digne des plus grands éloges, et ne mérite d'être citée, par les mesures au moyen desquelles il cacha les forces qu'il avait en Italie.

Toute cette armée autrichienne, rassurée par notre état et notre foiblesse, s'était bornée, pendant l'hiver, à nous faire observer par un simple cordon, et avait été répartie dans toutes les places du Piémont, de la Lombardie, du pays de Venise, du Bolonois, de la Marche d'Ancône et de la Toscane.

Ainsi divisée, elle avait en effet paru faible par-tout; mais elle avait reçu facilement tout ce qui avait pu être nécessaire à son entière restauration. Les recrues et les renforts qu'elle s'était procurés pendant son long repos, répartis d'après le même système, n'avaient presque pas été apperçus. Les rapports, de quelque côté qu'ils aient été reçus, avaient fait mention de si peu de troupes , que l'on regardait généralement cette armée comme très-loin d'avoir réparé les pertes de la dernière campage, d'autant plus que l'on avait répandu et accrédité le bruit que les maladies l'avaient considérablement réduite. Enfin l'on croyait encore qu'elle rentrerait tard en campagne, ou même que l'on pourrait la prévenir, lorsque déjà les corps qui la composaient marchaient pour se rassembler.

Quand, par ce mouvement spontanée , on vit toutes les villes fournir tout - à - coup de nombreux bataillons à l'armée active, et M. de Mélas réunir en peu de jours 10,000 hommes en avant de Bobbio , 7000 en avant de Tortonne, 35,000 à Acqui et Alexandrie, et nous attaquer avec des forces aussi respectables, en laissant encore dans le Piémont toute sa cavalerie, une artillerie superbe, et 20,000 hommes d'infanterie, l'étonnement fut universel, et l'on ne put s'empêcher d'admirer le secret de ces préparatifs, et la précision de l'exécution.

Mais un rapprochement qui, sans doute, n'échappera pas à l'Histoire, c'est que deux mois et dix jours après, M. de Mélas a été battu par l'effet d'une ruse en partie semblable à celle qu'il venait d'employer, et bien plus étonnante par la hardiesse de sa conception, et par les difficultés que son exécution présentait.

nous ne pouvions rien opposer au choc de ses masses ;
nous ne pouvions lui faire, avec quelqu'avantage,
qu'une guerre telle que, par le résultat des mouvemens, nous parvinssions à le diviser, afin de nous
porter réunis sur ses parties éparses. C'est d'après
toutes ces données, que s'étant principalement dirigé
sur Vado et sur Savonne, il s'empara de la première de
ces deux places dès le second jour de l'attaque, et
isola par ce mouvement l'aile droite de l'armée. Cette
dernière seule défendit Gênes contre tous les efforts
des coalisés. Gênes était le but connu des tentatives
de l'ennemi. Ce journal ne comprendra donc en détail
que les opérations de cette aile, qui sont par cette
raison, ce qu'il y a de plus intéressant dans le rôle
que ces débris de l'ancienne armée d'Italie, furent
appelés à remplir dans le commencement de cette
nouvelle campagne. D'ailleurs le défaut de communication nous ayant empêchés d'avoir rien d'exact sur
les mouvemens du centre et de la gauche, ce parti
a été forcé en même tems qu'il a paru le plus convenable, pour éviter de trop fréquentes digressions. Ce
qui prouve encore qu'il ne peut y avoir aucun incon-
vénient à présenter séparément le tableau des opérations des différents corps de cette armée, c'est que
l'on fut dans l'impossibilité de les concerter.

4..

JOURNAL

DES

OPÉRATIONS MILITAIRES

DU SIÉGE ET DU BLOCUS DE GÊNES.

Du 15 Germinal.

Au 15 germinal, jour de la reprise des hostilités, l'aile droite de l'armée d'Italie, aux ordres du lieutenant d'armée, le général Soult, formait trois divisions.

Le tableau qui se trouve à la fin de ce volume sous le n°. 1, indique l'emplacement et la force de cette aile.

Elle était composée de 15,320 hommes, desquels défalquant un cinquième, qui est au moins ce en quoi les états de situation diffèrent du nombre des combattans ; l'on verra l'élite de tout ce qui restait de l'armée d'Italie, plus, les 25e légère et 2e de ligne, trois divisions, et une réserve enfin, donner un total net d'à-peu-près 12,000 hommes.

Telle était la situation militaire de cette aile de l'armée lorsque la campagne s'ouvrit. Sa ligne qui, sans compter la marine, avait, ainsi qu'on peut le voir par la désignation des postes qui la formaient,

dans le tableau précité plus de soixante milles
d'étendue , l'était beaucoup trop sans doute pour le
nombre des hommes qui pouvaient étre employés à sa
défense. Elle ne pouvait néanmoins être resserrée : il
fallait nécessairement garder les côtes pour prévenir le
débarquement et protéger les arrivages , occuper tous
les débouchés, et conserver, autant qu'il serait possible,
les communications de cette aile avec le reste de
l'armée ; ce qui devenait même chaque jour d'autant
plus important, que les rassemblemens, les mouvemens, et les reconnaissances que, depuis plus de
dix jours, l'ennemi faisait sur tout notre front, et
les magasins considérables qu'il avait formés en plusieurs points différens de sa ligne, ne pouvaient permettre de douter d'une attaque prochaine et générale. Il était donc indispensable de l'observer de près
et sur tous les points, et de suppléer à la faiblesse
des moyens, par tout ce que pouvaient la valeur, l'activité, et l'expérience la plus éclairée.

Aussi les instructions les plus précises et les mieux
détaillées avaient-elles été données par le général en
chef à ses Lieutenans. Elles s'accordaient toutes à
recommander de suivre le système des masses, et
de réunir d'après cela chaque division aux premières
tentatives de l'ennemi, ce parti étant le seul qui pût
diminuer les risques de notre position, qui nous
réduisait à n'avoir sur les différens points de notre
ligne qu'une apparence de forces : enfin Génes, le

but connu des projets de la coalition, avait de même été indiqué pour le point de retraite des trois divisions de l'aile droite.

Nous étions ainsi dans l'attente de l'explosion, lorsque le 15, l'apparition de toute la flotte anglaise (1) fut le signal des attaques (2), qui en effet commencèrent le même jour; savoir à Recco que nous évacuâmes le matin, mais où nous rentrâmes le soir (3); à Borgo-di-Fornari, où l'ennemi voulut couper la ligne de nos troupes, et où le général Poinsot le repoussa en lui faisant quatre-vingt-quatre prisonniers; et sur

---

(1) Dès ce moment, elle nous coupa presque toutes nos communications par mer, ou du moins empêcha tous les arrivages.

(2) Le même jour, le général Mélas se rendit à Aqui; et par une proclamation annonça aux Liguriens qu'il allait reconquérir leur patrie, et leur ordonna de se réunir en masse contre les Français. Les habitans des vallées de l'Orba et de Fontana-Buona, furent ceux qui levèrent avec le plus d'audace l'étendard de la révolte.

(3) La rentrée de nos troupes dans ce dernier poste fut entièrement due à la valeur et à la présence d'esprit du chef de brigade Brun, commandant la 8e légère. Cet officier, forcé dans Recco par un ennemi infiniment supérieur, ayant pris position en arrière de cette ville, de manière à voir tout ce qui s'y passait, et s'étant apperçu que les Autrichiens, disséminés par l'effet du pillage auquel il s'étaient livrés, et presque tous ivres à la suite de leurs désordres, ne pouvaient plus lui opposer qu'une faible résistance, se remit en mouvement vers trois heures après midi, marcha sur la ville à la tête de son 2e bataillon; et sans avoir été apperçu, y pénétra au moyen d'un grand détour. Il y surprit de cette manière quatre cents Autrichiens, en tua vingt-cinq, et prit quatre-vingt-dix hommes, parmi lesquels se trouvait un officier.

les hauteurs qui se trouvent à la gauche de Cadibona (1), où nous conservâmes, par une résistance opiniâtre, toutes nos positions.

16 *Germinal.*

Le 16 germinal l'attaque fut générale. Afin d'en présenter les principales circonstances, suivons - la de la droite à la gauche, c'est-à-dire, depuis Recco jusqu'à Vado.

Elle eut lieu sur les troupes de la première division par un corps de dix mille Autrichiens, rassemblé en avant de Bobbio, auquel s'étaient joints

---

(1) Il y a trois principaux débouchés, qui, dans la rivière du Ponent, versent du Piémont à la mer. Ces débouchés, tous praticables pour l'artillerie, sont le Col de Tende, Cadibona, et la Bochetta. En choisissant le premier, les Autrichiens réunissaient presque toute l'armée d'Italie sur leur derrière, manquaient un des premiers but qu'ils devaient avoir (celui de la diviser), multipliaient les obstacles, et augmentaient leurs risques. En s'avançant par la Bochetta, ils réunissaient toute l'armée française sur leur front, et ne tiraient aucun parti des avantages de leur position militaire.

Cadibona seul leur présentait presque tous les avantages réunis sans inconvéniens. En s'avançant par-là, ils coupaient notre ligne, bloquaient Savone qui était sans vivres, se liaient à la flotte anglaise par la rade de Vado (seul point de cette rivière où les vaisseaux puissent sûrement mouiller); forçaient l'aile droite à faire pour les attaquer des mouvemens extrêmement difficiles, pénibles, et dangereux ; et enfin ils trouvaient contre ses efforts et ceux du centre, d'inexpugnables positions sur les hauteurs de Saint-Jacques, de Monte-Note, etc. Mais la lenteur des mouvemens de l'armée autrichienne, annulla pour elle la majorité des effets qu'elle devait attendre de son état, du nôtre, et de la bonté des plans arrêtés pour la campagne.

tous les révoltés de Fontana-Buona, et qui, sous les ordres du lieutenant-général *Baron Otto*, était destiné à se porter sur Génes.

Monte-Cornua, fut de ce côté le point de la principale attaque. L'ennemi, après avoir forcé Panesy, Saint-Alberto, et Bargaglio y arriva sur trois fortes colonnes, et par un mouvement rapide, contraignit la 74ᵉ, qui défendait cette position, à l'abandonner. Cette demi-brigade se retira, partie sur Nervi, partie sur Monte-Faccio, où la 106ᵉ se porta pour la soutenir. Dans l'après-dîner, cette dernière position fut encore enlevée, malgré tout ce que, dans différens combats (auxquels la nuit seule mit fin), le général de brigade Darnaud et ses troupes aient pu faire successivement pour la conserver et la reprendre.

Malgré ces avantages, l'ennemi eut cent prisonniers de faits dans cette affaire, où il ne nous en fit point (1). Nos troupes, après s'être reployées de Recco, de Nervi et même de Bogliasco, prirent cependant position de manière à couvrir Génes, et à ne pas abandonner Quinto, qui nous resta.

A Torriglia, et Scoffera, l'attaque avait aussi été très-vive. Le général de brigade Petitot, qui

(1) Le chef de bataillon du Peliet, de la 106ᵉ, y fut blessé de cinq coups de feu.

Parmi les braves qui eurent encore occasion de se distinguer dans cette journée, le général Miolis nomma avec éloge le citoyen Guirmont, lieutenant des grenadiers de la 24ᵉ de ligne.

y commandait, s'y était défendu avec toute l'intelligence possible ; mais le Monte-Cornua ayant été emporté, sa brigade, forte de mille combattans seulement, se trouvant compromise, il fut contraint d'opérer sa retraite sur Prato dans le Bisagno, où le Général en chef le fit soutenir par la 7 3ᵉ, qu'il tira de Gênes à cet effet.

Le général Petitot, en donnant, dans une des charges de l'ennemi, l'exemple de la plus grande bravoure, fut blessé d'un coup de feu (1). Le chef de brigade Gond, de la 2 4ᵉ de ligne, le remplaça momentanément dans le commandement de cette brigade.

La seconde division avait été attaquée avec moins d'acharnement. Après un combat peut-être plus long qu'opiniâtre, les postes que nous avions à Cazella, Savignone, Borgo-di-Fornari, Pianone, Castagno, et Ronco, afin de ne rien compromettre, s'étaient retirés devant des forces supérieures (2), que l'ennemi, après avoir bloqué Gavi, dirigeait par plusieurs routes sur la Bochetta, pour attaquer cette position de front et la tourner en même tems ; ce qui détermina le général Gazan à faire prendre aux 2ᵉ et 3ᵉ de ligne, position à Buzalla, poste flanqué par la Scrivia et le Monte-

---

(1) La 24ᵉ de ligne eut dans cette affaire douze officiers et cent cinquante sous-officiers et soldats tués ou blessés.

(2) Dans ce mouvement rétrograde, nous perdîmes un convoi de farine et d'eau-de-vie, destiné à Gavi, et qui fut pris près de Carozio par la cavalerie ennemie.

Jovi, et si important à cause de l'embranchement des routes qui s'y croisent. Il retira aussi sur Molini les troupes qu'il avait à Voltaggio, et en avant de cette position, et qui, par Pianone et Castagno, auraient pu être enveloppées (1). Les cabanes de Marcarolo, Rossiglione, et Monte-Calvo, attaquées avec beaucoup de vigueur, furent de même évacuées un instant malgré les efforts de la 78ᵉ, chargée de les défendre ; mais les troupes de cette demi-brigade reprirent presque de suite ces positions confiées à leur valeur (2). Cette reprise de Monte-Calvo était d'autant plus importante, que de cette position l'ennemi se lioit avec les troupes qu'il avait à Sassello, pouvait, en descendant sur Cogoletto, couper toutes nos communications par terre avec Savonne, et envelopper la 3ᵉ division.

Pendant que ces divers événemens avaient lieu dans la première et la seconde division, la troisième, commandée par le général de brigade Gardane, soutenait de terribles combats.

Des trente mille hommes que M. de Mélas avait rassemblés dans la province d'Acqui, vingt mille, sous ses ordres, marchaient sur Savonne, par la

---

(1) La 2ᵉ demi-brigade de ligne, qui se distingua par sa valeur et la précision de ses mouvemens, fit, vers le soir, soixante prisonniers à l'ennemi.

(2) La rentrée de nos troupes dans Rossiglione est entièrement due au dévouement que montra dans cette occasion le 3ᵉ bataillon de la 78ᵉ de ligne.

route de Spigno, Dego, Cairo et Altare, et nous n'avions dans cette partie que trois mille combattans. Par des prodiges de valeur, ils arrêtèrent l'ennemi pendant trois heures en avant des redoutes de Torre, d'Altare, et de Monte-Notte; mais, accablés par le nombre et toujours attaqués et chargés par des troupes fraîches et nouvelles, ils quittèrent, vers les dix heures du matin, ces ouvrages pour se retirer à Cadibona, où ils devaient prendre position, mais où il fut impossible de les rallier, l'ennemi ayant profité de son premier succès, avec tant de vîtesse et d'impétuosité, que ce village fut presqu'aussitôt enlevé, qu'attaqué.

C'est dans ce moment qu'arriva le lieutenant-général Soult (parti dans la nuit de Cornegliano). Il voit le danger qui, dans le désordre où il la trouve, menace toute cette division; et jugeant qu'il n'y avait qu'un coup de vigueur qui pût la sauver, il cède à-la-fois à un mouvement généreux et à l'impétuosité de son courage; il s'élance au milieu des soldats, saisit un drapeau de la 97ᵉ demi-brigade, et le porte dans l'endroit où les autrichiens faisaient les plus rapides progrès. Ce trait d'audace, et d'un dévouement généreux, produit sur des Français un effet digne d'eux; les troupes se rallient, l'homme intimidé devient un brave, et l'ennemi est arrêté. L'adjudant-général Mathis, employé auprès du général Soult, est blessé dans ce moment.

Le général Soult prend vers une heure après - midi la position de Monte-Moro. Le feu se rallentit ; mais l'ennemi déborde bientôt la ligne des troupes qui lui défendaient les approches de Savonne avec tant d'opiniâtreté. Une de ses colonnes, dont le mouvement occupait le plus le général Soult, était celle qui, descendant des hauteurs de la Stella, se dirigeait sur Albissola, seul point par lequel la division pouvait se retirer sur Gènes : sa position devenait critique : le général eût bien de suite effectué sa retraite ; mais, pour jeter quelques vivres dans le fort de Savonne, qui n'avait pu être approvisionné à cause de la disette de l'armée, il fallait gagner la nuit. Le général Soult, frappé de cette nécessité, manœuvre pour occuper l'ennemi : ce dernier prend le change pendant deux heures ; mais vers trois heures après midi, il marche sur Monte-Moro. Cette position se trouvant à-la-fois tournée et attaquée de front, la retraite fut ordonnée ; l'ennemi nous serra même de si près, qu'il entra avec nos troupes dans les faubourgs de Savonne. Il en fut néanmoins chassé, et la ville nous resta pendant la nuit (1) ; tems précieux, pendant lequel le général Soult jeta dans le fort la 93e de ligne, forte de 600 hommes, chargea le général de brigade Bujet de sa défense, et lui donna, pour

---

(1) En tués et blessés, la 97e perdit dans ces différens combats quinze officiers, au nombre desquels était le chef de bataillon Cruzy, et 165 sous-officiers et soldats.

approvisionnemens, les vivres qui devaient être distribués le 17, à la troisième division.

A deux heures du matin, ayant évacué la ville de Savonne, il se rassembla aux Capucins (1) et se retira de là sur les hauteurs d'Albissola, où l'ennemi était déjà, mais d'où il fut chassé avec vigueur (2), par l'effet des mouvemens au moyen desquels le général Soult se fit jour.

Quelque succinct que soit ce tableau, il suffit néanmoins pour prouver que ces combats de Torre, de Cadibona, et de Monte-Moro, qui furent soutenus à coups de bayonnettes, de pierres, et de crosses, ont dû coûter beaucoup de monde de part et d'autre. Il n'y eut cependant pas plus de proportion entre le nombre des morts et des blessés de l'ennemi et le nombre des nôtres, qu'il n'y en avait entre les forces respectives. En raison de notre faiblesse, l'ennemi ne pouvait tirer que sur des hommes épars ; en raison de

---

(1) Toute la 3e division fut rassemblée là, excepté le 2e et le 3e bataillon de la 3e légère, et le 2e bataillon de la 63e. Ces trois bataillons laissés dans les redoutes de Montenesino, ne les quittèrent après 5 heures du soir qu'au moyen d'un signal convenu à cet effet : coupés du reste de la division, ils se dirigèrent sur Voltry, après avoir forcé l'ennemi à la Stella, et ne rejoignirent la division que le 18, à la position de Varagio.

(2) Le général de brigade Gardanne, connu par des talens distingués, et par des connaissances militaires infiniment rares, ajouta encore dans cette journée sanglante à sa réputation si souvent justifiée.

sa force, nous tirions toujours sur des masses (1).

Vers deux heures après midi, pendant que nos troupes soutenaient de tous côtés les attaques nombreuses et terribles au moyen desquelles l'ennemi sépara l'aile droite du centre de l'armée, et prépara ainsi le blocus de Génes (*F*); une frégate anglaise approcha de cette ville, et tira sur le quartier de Carignan (le plus populeux et le plus pauvre), à-peu-près 40 coups de canon. Le but, qui était de produire un soulèvement, fut manqué. Le peuple resta tranquille, et la frégate reprit le large vers 3 heures.

17 *Germinal.*

L'ennemi parvenu le 16 au soir à la vue de Génes par l'occupation de Monte-Faccio, y avait allumé, pendant la nuit, un très-grand nombre de feux, pour augmenter encore l'idée que ses premiers succès avaient donnée de sa force. Cette conduite avait pour but principal, d'exciter à un soulèvement le peuple de la ville et celui de la campagne. Ce moyen ne fut pas le seul dont l'ennemi fit usage dans les mêmes vues. Par son ordre, le tocsin fut sonné en même tems dans toutes les vallées qui avoisinent Génes : de nombreux émissaires furent envoyés dans tous les villages ; et faisant à-la-fois servir à l'exécution de ses desseins,

---

(1) La 62ᵉ perdit ce jour là 128 hommes ; dans le nombre des blessés se trouva le chef de bataillon Beaufils.

les voies de la rigueur et celles de la persuasion, ses agens furent chargés de caresser les uns et de menacer les autres. On fit plus, à l'égard d'un peuple pauvre et mercantile; ceux des habitans qui prirent les armes furent soldés, et les autres furent imposés (1).

Un de ces êtres vils qui trafiquent par-tout de leur infamie, ce même Assareto, dont nous avons parlé dans l'une des notes de cet ouvrage, était le principal instrument de ces manœuvres : M. le baron d'Aspres, colonel du régiment des chasseurs de son nom, commandant alors le corps de troupes qui nous avoit enlevé le Monte-Faccio, était regardé par tous les Génois, comme l'homme qui en était l'ame.

Le Général en chef, trop militaire pour ne pas chercher à tenir campagne le plus long-tems possible, et trop politique à-la-fois pour ne pas sentir la nécessité de battre l'ennemi sous les yeux de ces mêmes Génois qui avaient été témoins de ses avantages, résolut (avant de se livrer à des opérations qui pouvaient le retenir quelques jours loin de Gênes), de reprendre le Monte-Faccio, et arrêta cette attaque pour le lendemain matin. La nuit fut donnée aux dispositions, et le soleil en se levant éclaira la marche des deux colonnes destinées à cette entreprise.

_____

(1) Cette solde se prenait, partie sur les impositions ci-dessus rapportées, et partie sur des fonds fournis à cet effet par la duchesse de Parme, ainsi que l'ont déclaré plusieurs espions fusillés à Gênes pendant le cours du blocus.

Le

Le général Darnaud commandait celle de droite, composée de la 74ᵉ et de la 106ᵉ de ligne, et déboucha par Quinto.

Le général de division Miolis commandait celle de gauche, composée de deux bataillons de la 25ᵉ légère, moins leurs carabiniers (1), et marcha par Parisone.

Le feu des deux colonnes, quoique parties de points très-éloignés, commença à quatre minutes de distances. Cet ensemble si heureux, et si remarquable dans un pays de montagnes, la valeur des troupes, qui fut supérieure à tous les éloges qu'on pourrait leur donner, le dévouement des officiers, l'exemple des chefs, la présence du général Massena, tout concourut, malgré la supériorité du nombre et les avantages inappréciables de la position, à ramener la victoire sous nos drapeaux (2).

L'ennemi culbuté sur le Monte-Faccio, le fut de même à Panesi, à Saint-Alberto et à Scoffera, que successivement il voulut encore défendre, et où le

_____

(1) La 25ᵉ légère partit à 3 heures du matin de Cornegliano pour se rendre à la première division ; elle y fut remplacée par la 3ᵉ de ligne qui y resta en réserve.

(2) Pour gravir cette montagne, les soldats furent contraint de marcher pendant une demi-heure, et sous un feu très-meurtrier, homme par homme. Cette attaque coûta à la 25ᵉ légère 100 braves. Le capitaine Lallemand, les lieutenans Massy et Marcenary, et le sergent-major Belleville, tous quatre de cette demi-brigade, s'élancèrent les premiers dans les retranchemens du Monte-Faccio.

5

général Darnaud prit position après l'en avoir chassé. Pendant ces derniers mouvemens, le général Miolis occupa le Monte-Cornua avec un corps de réserve.

Cette affaire fut hardie, rapide, et brillante. Le chef d'escadron Burthe, premier aide-de-camp du Général en chef, et qui, d'après ses ordres avait suivi le mouvement des troupes commandées par le général Miolis, se couvrit de gloire dans cette affaire, et particulièrement en chargeant à la tête des grenadiers du bataillon de la 55e et de ceux des 73e et 106e qu'il avait eu ordre de conduire. On peut dire de ce militaire, que jamais le hazard ne lui offre en vain l'occasion de justifier et d'accroître la réputation que ses talens et sa bravoure lui ont acquise.

Au moment où le Général en chef vit l'ennemi forcé sur ce point, il envoya aux deux bataillons de la 25e légère, qui combattaient encore sous les ordres du général Miolis, l'ordre de se rendre à Gènes, et partit pour le Bisagno, avec sa réserve (le troisième bataillon et les carabiniers de la 25e légère). Mais la victoire, organisée par lui, l'y avait précédé, et déjà la brigade du général Petitot, alors sous les ordres de l'adjudant-général Hector, et qui après avoir été renforcée par la 92e de ligne était chargée d'opérer une diversion, battait l'ennemi de ce côté, lorsque le général Massena y arriva, et se portait sur Campanardigo où elle arriva dans la journée.

La reprise du Monte-Faccio, celle du Monte-

Cornua, quinze cents prisonniers faits à l'ennemi, en grande partie du régiment de Jordis, et parmi lesquels se trouva le baron d'Aspres, nous offrent le résultat de ces différens combats (1). La réputation de ce dernier peut seule donner une idée de l'impression heureuse que sa prise fit en faveur de la bonne cause. Elle doubla nos avantages par son effet moral. Les patriotes reprirent courage, et les agitateurs furent comprimés (2).

La rentrée du Général en chef à Gênes fut touchante ; les acclamations universelles, produites par l'admiration et la reconnaissance, l'accompagnèrent (5).

La seconde division reprit dans la même journée Borgo-di-Fornari, Savigone et Cazella. La troisième rectifia sa ligne de Varraggio à Ciampani (4).

---

(1) Le baron d'Aspres, échappé aux troupes qui avaient enlevé le Monte-Faccio, se trouva dans le nombre des prisonniers que fit la 24ᵉ de ligne, aux ordres de l'adjudant-général Hector.

(2) Deux circonstances ajoutèrent encore à la gloire de cette journée, l'une honore nos troupes, qui, malgré leur misère, ne dépouillèrent pas les prisonniers qu'elles firent ; l'autre honore les Génois, qui apportèrent au-devant de nos blessés, du vin et du bouillon, et se disputèrent le plaisir de les porter sur des matelats, et dans des portantines ou chaises à porteurs, préparées par eux à cet effet.

(3) Nous regrettons de ne pas avoir le nom de tous les braves de la division Miolis qui se sont particulièrement distingués dans cette occasion.

(4) L'activité de l'adjudant-général Dégiovani et les mesures par les-

5..

18 *Germinal.*

Toute cette journée fut donnée à des dispositions générales et particulières.

Les dispositions générales consistèrent à diviser l'aile droite en deux corps d'armée.

Le premier, chargé de la défense de Génes, sous les ordres du général Miolis, forma deux divisions ; la première, commandée par le général de brigade Darnaud, occupant l'est et le nord-est ; et la seconde, commandée par le général de brigade Spital, occupant l'ouest et le nord-ouest.

Le second corps d'armée, devant tenir campagne, forma de même deux divisions ; celle de droite, aux ordres du général de division Gazan, et celle de gauche, aux ordres du général de brigade Gardanne ; le lieutenant-général Soult, marchant avec la première, et le Général en chef avec la seconde.

Les corps laissés au général Miolis furent les 5e et 8e légère, et les 2e, 24e, 41e, 55e, 73e, 74e, et 106e de ligne, avec lesquelles il prit la ligne de la

---

quelles il acheva d'assurer et de maintenir la tranquillité à Génes, méritent ici une observation particulière.

C'est dans cette circonstance majeure, que se créant des ressources, il trouva moyen d'utiliser pour le service de la place, le zèle de tous les Italiens réfugiés qui restaient à Génes ; qu'il fit former en compagnie volontaire tous les employés français de l'armée, et qu'il travailla si efficacement à toujours ranimer ou à soutenir le zèle de la garde nationale.

Sturla, garda la position des Deux - Frères, occupa
Ponte-Decimo et Sestri du Ponent, et avec lesquelles
il fit en même tems le service de la place et des forts
de Génes.

Les corps des divisions actives, furent pour la division Gazan, la 25ᵉ légère, les grenadiers de la 2ᵉ, et
les 3ᵉ, 78ᵉ et 92ᵉ de ligne ; pour la division Gardanne, les 3ᵉ légère, 62ᵉ, 63ᵉ et 97ᵉ de ligne, ainsi
que les grenadiers d'une partie des corps restés à Génes.

Les dispositions particulières, furent pour le général Miolis, toutes les instructions nécessaires à la
défense des approches et de la ville de Génes (G); et
pour les divisions de l'expédition, des ordres nécessaires pour l'organisation des ambulances et des
transports (1) de vivres et de cartouches, et l'ordre
donné au commandant de la marine de suivre avec la
flottille (2), le mouvement que le Général en chef
projetait, afin de protéger nos transports par mer
contre les petites embarcations de l'ennemi.

Le but du mouvement général, était de débloquer
Savone, de rétablir les communications avec le
général Suchet, et de reprendre notre première ligne.

Le plan consistait à forcer l'ennemi de se morceler

(1) Ce service des transports fut aussi embarrassant par la difficulté
de trouver des mulets, que par la difficulté et la longueur des routes.
On fut obligé de suppléer au défaut de mulets par des hommes.

(2) La flotte anglaise empêcha l'exécution de cet ordre.

pour faire face à chacune des deux divisions qui devaient marcher à lui séparées, par tout l'intervalle qu'il y a des hautes crêtes des Apennins à la mer : de lui refuser brusquement la gauche, lorsque les troupes de la division Gardanne auraient dépassé les positions de Varraggio : de réunir, par un mouvement rapide, les deux divisions à Monte-Notte : aussitôt réunis par ce mouvement sur la crête des Apennins, d'attaquer les troupes que l'ennemi aurait dans cette partie, ou bien de se reployer sur celles qui tiendraient la marine, et sur-tout sur Savone et Vado, pour nourrir les troupes, et approvisionner cette première place avec les magasins que l'ennemi avait déjà dans la dernière; ou bien de conserver les hauteurs pour empêcher l'arrivée des renforts que l'ennemi pourrait recevoir; ou bien encore, de marcher au-devant du général Suchet, si ce dernier s'avançait vers nous, et parvenait à se porter à Cugliano comme il en avait l'ordre, ou seulement occupait Saint-Jacques; le tout, suivant les circonstances.

Dans la nuit du 18 au 19, tous les corps qui devaient composer la colonne du général Soult, furent dirigés sur Voltry ; quant à l'ennemi (par une inaction dont le motif nous est inconnu), il employa seulement cette journée à nous observer, et à porter différens corps de sa gauche et de sa droite vers le centre de ses positions qui était à Sassello.

Les corps de sa droite qui exécutèrent cette marche,

se trouvant, par les sinuosités des montagnes, avoir dépassé quelques points de la ligne occupée par le général Gardanne, dont les avant-postes étaient en avant de Varraggio ; M. de Mélas se trompant sur le compte des généraux de la République, crut que la position de cette division ainsi tournée, pourrait déterminer ce général à capituler. En conséquence, vers le soir, et après un petit combat dans lequel la 62ᵉ perdit une vingtaine d'hommes, en soutenant sous les ordres de l'adjudant-général Sacqueleu les efforts d'un ennemi infiniment supérieur, le général Mélas fit sommer le général Gardanne de mettre bas les armes.... *Dites à votre général*, répondit ce dernier à l'officier parlementaire, *que les Français ne capitulent pas quand ils peuvent se battre.* Et il renvoya le parlementaire.

De toutes parts autour de Gênes, le tocsin continua de sonner pendant cette journée ; et ce qui prouve que l'ennemi avait des intelligences nombreuses dans la ville et dans les faubourgs, c'est que dans la soirée du 18, des fusées parties de Carignan et de Saint-Pierre d'Arena, répondirent à différens signaux apperçus dans les montagnes et sur mer.

19 *Germinal*.

A trois heures du matin, le tocsin redouble de tous côtés, et le bruit se répand que plusieurs milliers de Piémontais, réunis aux insurgés de la Ligurie, descendent de la Polcevera, pour couper la communi-

cation de Génes à Voltry. La position de l'armée qui,
dans ce moment, se trouvait morcelée à Génes, à
Voltry et à Varraggio, rendait ces bruits extrémement
alarmans. Vers cinq heures du matin, le tocsin finit.
Vers dix heures il recommence. Un homme à cheval,
le sabre à la main, vient crier *vive l'Empereur,*
jusque sous le pont de Cornegliano ; mais ces cris ne
produisent rien, et cet homme disparaît (1).

L'on annonce cependant des colonnes descendant
sur Génes de tous côtés.

Le Général en chef, malgré l'agitation que produisent ces nouvelles, ne change rien à ses résolutions,
et continue à travailler à l'exécution de ses plans.

Il engage le gouvernement Ligurien à organiser la
levée des patriotes, c'est-à-dire, des amis des deux
Républiques. Pour assurer la tranquillité, il fait
revétir le ministre de la Police de pouvoirs extraordinaires, afin que toutes les mesures que les circonstances pourront nécessiter, soient prises par lui, et
qu'il n'ait à se concerter à cet effet qu'avec l'adjudant-
général Dégiovani, commandant la place. Il arréte
des dispositions (2) qui accélèrent et assurent l'entier

---

(1) Il faut connaître combien cette valée de la Polcevera est peuplée,
et quel est le caractère de ses habitans, pour sentir à quel point ces
nouvelles étaient allarmantes. En parlant de ces Polcévérains, Bonamici
dit : « *A ferocissimis hominibus, qui Porciferam vallem incolunt* ».

(2) Ces dispositions sont les garnisaires et l'embarquement des corsaires français.

et prompt paiement de l'emprunt de 5oo,ooo francs.
D'après ces dispositions, l'adjudant-général Ottavi est
chargé de surveiller les versemens, et le payeur de
l'aile droite de les recevoir.

Les bruits du mouvement de l'ennemi devenant
toujours plus sérieux, la Bochetta ayant été évacuée,
et une forte colonne ennemie s'avançant sur Ponte-
Decimo, le Général en chef se détermine à laisser
à Génes le général de division Oudinot, chef de
l'Etat-major-général, et le chef de brigade Marès,
commandant le Génie. Enfin, il écrit au Gouvernement : « Je marche à l'ennemi; le général Miolis,
» à cet effet revêtu par moi de pouvoirs extraordi-
» naires, commande en mon absence : dévouez-
» vous, multipliez-vous, reposez-vous sur mes ef-
» forts ». Et il part vers onze heures pour se rendre
à Cogoletto (1), où il établit le soir son quartier-
général.

D'après le plan arrêté, le général Soult devait
être le même soir à Sassello; mais un des mouvemens
de l'ennemi retarda le sien (2), par la nécessité d'assurer ses derrières, et de conserver ses communications avec Génes.

_____

(1) Patrie de Christophe Colomb.

(2) Cette circonstance qui n'avait point été prévue, détruisit entièrement et inévitablement l'harmonie de cette opération. Le lecteur s'en
convaincra en se rappelant ce que nous venons de dire sur le plan de
ce mouvement.

Vers deux heures du matin, au moment où ce Général se disposait à quitter Voltry pour se porter à Sassello, il apprit que l'ennemi, maître du poste des cabanes de Marcarollo, s'était avancé jusqu'à Aqua-Santa, ou Nostra-Santa-del-Aqua (à trois milles de Voltry). Dans cette situation, convaincu de l'indispensable nécessité d'attaquer l'ennemi dans ses nouvelles positions, le général Gazan est chargé par lui de cette opération, dans laquelle la 25e légère, la 3e de ligne, et deux bataillons de la 78e sont employés.

D'après les dispositions arrêtées, le général Poinsot marche sur Campo-Freddo avec un bataillon de la 78e de ligne et la 92e, pour y observer et y inquiéter l'ennemi, pendant que deux autres colonnes parties, l'une de Sestri, et l'autre de Massone, se dirigent sur les Cabanes, qui, ainsi que Rossiglione, nous avaient été enlevées le 18.

A l'approche de nos troupes, Aqua-Santa est évacuée ; mais, près de Marcarollo, l'ennemi, rassemblé au nombre de trois mille hommes, accepte le combat, dans lequel, forcé sur tous les points par une charge extrémement vive, il est complettement mis en déroute, et perd, sans compter ses morts et ses blessés, deux pièces de canon et six cents prisonniers des régimens de Devins et de Kray, qu'il laisse au pouvoir du général Gazan.

Dans son rapport, le général Soult fait le plus grand éloge de la 3e de ligne, en disant que cette

demi-brigade s'est distinguée en combattant avec la
25e légère. Ces deux corps en effet ont rivalisé de
gloire pendant tout le blocus. Sur la gauche de l'ennemi, le chef de brigade Mouton, commandant cette
première, et ayant en seconde ligne cent hommes de
son premier bataillon et ses trois compagnies de grenadiers, exécuta, avec son second bataillon serré en
pelotons, une charge qui décida en partie de cette
affaire, et lui livra les pièces de canon dont nous
avons parlé plus haut, plusieurs caisses de cartouches, ainsi qu'un grand nombre de prisonniers faits
dans cette journée.

Le chef d'escadron Daoust, chef d'état-major de
la division Gazan, contribua de même à ce succès,
par un mouvement au moyen duquel il se porta,
avec un bataillon de la 3e de ligne et deux de la
78e, sur le flanc droit de l'ennemi, qui, par cette
manœuvre, fut rejeté au-delà de la Piotta.

Ce succès obtenu, le général Gazan se porta à
Campo-Freddo, que le général Poinsot venait de
traverser, et où la division prit position dans la
soirée du 19 (1).

Cette victoire remportée à Marcarollo, assura le
mouvement, et les derrières de la division Gazan;

---

(1) En avant de Campo-Freddo, le général Poinsot atteignit le régiment d'Alvinzi, l'attaqua et lui fit cent vingt-quatre prisonniers.
Dans cette affaire, le capitaine Humbert-Marchant, de la 92e, fit
à lui seul cinq prisonniers à l'ennemi.

mais la nécessité absolue de ce combat n'en produisit pas moins le mal inévitable de mettre les troupes du général Soult hors d'état de concourir aux opérations que le Général en chef avait arrêtées pour le lendemain.

20 *Germinal.*

Le 20, à quatre heures du matin, le lieutenant-général Soult se dirigea par Aqua-Bona, Martino, et San-Pietro del Orba, sur Sassello. A un mille de Pallo, il fut informé que quatre régimens ennemis, formant huit mille hommes, venant de Monte-Notte, se portaient à la Verreria, et que le lendemain cette colonne devait attaquer le détachement que nous avions à Ciampani, et se porter ensuite à Voltry afin de couper la retraite à la colonne qui suivait la marine, et avec laquelle marchait le Général en chef (1). Pour déjouer ce projet (*H*), le général Gazan prit, avec les 3e et 78e de ligne, position à Pallo, sur le chemin qui conduit de la Verreria à Pouzonne, et le général Poinsot reçut ordre d'attaquer, à la hau-

---

(1) Après avoir laissé, sous les ordres du général Elnitz, des forces suffisantes pour contenir le général Suchet, M. de Mélas marchait contre le général Massena avec trois corps d'armée, celui de droite, composé des brigades de Bussy, Lattermann et Sticher, commandé par le comte de Palfy; celui du centre, composé des brigades Bellegarde et Brentano, commandé par le général de Bellegarde; et celui de gauche, commandé par le général Saint-Julien, et dont les huit mille hommes ci-dessus mentionnés faisaient partie.

teur de Sassello, l'arrière - garde de l'ennemi, qui filait par-là sur la Verreria.

A la tête d'un bataillon de la 25ᵉ légère, le général Poinsot exécuta ce mouvement avec tant d'impétuosité, que l'ennemi ne put lui résister, ni se rallier nulle part. La ville fut emporté au pas de charge ; une partie du régiment de Deutschmeister fut coupée de la même manière ; et lorsque le général Poinsot, à un mille au-delà de Sassello, atteignit l'artillerie de l'ennemi, escortée par cinquante hussards, il n'avait avec lui que quinze chasseurs, qui seuls avaient pu le suivre dans sa course rapide.

La victoire souriant à l'audace, trois pièces de canon restèrent en son pouvoir. L'ennemi perdit outre cela, par la prise de Sassello, un convoi de deux cents mille cartouches, et six cents prisonniers (1).

L'attaque qui concourut principalement à la réussite de celle-là, fut celle de *Costa la Longa*, où l'ennemi avait un corps d'observation, et qu'exécuta un des bataillons de la 25ᵉ légère, sous les ordres de son chef de brigade Godinot.

La difficulté de concerter des mouvemens et d'en assurer l'harmonie, forme presque toutes celles de la guerre de montagnes.

Le Général en chef, qui ne put être instruit des

_____

(1) Au nombre des braves que cette action nous coûta, nous citerons le citoyen Gavaret, lieutenant des carabiniers à la 25ᵉ légère : les regrets de toute la demi-brigade honorent sa mémoire.

retards forcés que le général Soult éprouvait dans son mouvement sur Monte-Notte-Superiore, n'en effectuait pas moins le sien avec les troupes de la division Gardanne, qui venait d'être renforcée par un bataillon de grenadiers des corps restés autour de Génes (1).

Cette division marchait sur deux colonnes ; celle de droite, sous les ordres de l'adjudant-général Sacqueleu, composée des 62e et 97e demi-brigades de ligne ; celle de gauche, conduite par le général Gardanne, et avec laquelle marchait le Général en chef, composée de la 3e légère, de la 63e de ligne, et du bataillon de grenadiers.

Cette colonne, qui ne formait pas plus de quatorze cents combattans, débouche, vers huit heures du matin, de Varraggio, passe par Castagnabo, et se dirige sur la Stella. A la moitié de sa route, elle se trouve en présence de différentes colonnes, qu'à une très-petite distance, l'ennemi portait dans la même direction, en suivant les mammelons opposés à celui que tenaient nos troupes.

Ces colonnes autrichiennes, composées des corps des brigades de Saint-Julien, de Brentano et de Bellegarde, formaient la gauche et le centre de l'ennemi.

---

(1) Ce bataillon était composé des carabiniers de la 8e légère et des grenadiers de la 106e de ligne, et commandé par le chef de bataillon Ficattier. Il avait été formé à Génes le 18, d'après les ordres du Général en chef, et avait rejoint le 19 la division du général Gardanne : il devait être suivi le 20 par un 2e bataillon, formé de la même manière.

Le but du mouvement offensif de ces brigades était de cerner notre troisième division ; et pour l'exécuter, elles se portaient en avant : savoir, la brigade Saint-Julien pour l'occuper, et les autres, soutenues par les brigades de droite (Bussy, Lattermann et Sticher), vers Cogoletto, pour la couper.

Dans cette situation, l'ennemi commence le feu ; nos troupes y répondent sans ralentir leur mouvement, (le but étant de gagner les hauteurs sur lesquelles la colonne de droite se dirigeait) : l'ennemi, qui s'en apperçoit, marche sur nous ; et déployant des forces décuples des nôtres, en couvre bientôt par différentes lignes les hauteurs, et force le Général en chef à prendre position, afin d'attendre que le mouvement du général Soult sur Monte - Notte, force l'ennemi à se diviser, et que l'arrivée de la colonne de droite, et du 2e bataillon de grenadiers, achève de le mettre à même d'agir offensivement, et de suivre les dispositions du plan arrêté ; plan d'après lequel cette division devait attendre l'attaque du général Soult pour faire la sienne.

Le feu devient terrible. Le général Gardanne est blessé : immédiatement après lui l'adjudant-général Cerisa l'est également ; l'adjudant-général Campana, le chef d'escadron Burthe, le chef de bataillon Laudier, et le capitaine Marceau (tous trois Aides-de-camp du Général en chef), le sont en moins de trois heures, soit en portant des ordres, soit en ralliant les troupes, soit en soutenant la valeur des soldats par l'exemple de la leur.

Pendant ce tems, l'ennemi charge six fois notre front, et six fois il est repoussé avec une perte considérable (1); mais, comme nous n'étions pas en état de le poursuivre, il juge notre faiblesse, et se détermine à profiter de notre opiniâtre résistance pour nous envelopper.

Le feu se rallentit pendant près de trois heures, que l'ennemi employa à former les deux fortes colonnes qui devaient nous tourner; et vers quatre heures du soir, il exécuta son mouvement, et nous força d'autant plus vîte à une prompte retraite, que ni le 2e bataillon de grenadiers (2), ni la colonne de droite, ni le général Soult n'avaient paru.

La supériorité de l'ennemi, la nature de son mouvement, son acharnement, les pertes de la journée, les difficultés du pays, tout ayant démontré au Général en chef l'impossibilité de rien entreprendre avec les troupes de cette colonne, il laissa au général

---

(1) Les impressions morales font tout sur nos troupes; l'idée qu'elles allaient être secondées par un second bataillon de grenadiers, et par la colonne de l'adjudant-général Sacqueleu, et l'idée que le général Soult tournait l'ennemi, leur fit faire des prodiges, en faisant soutenir à 1400 hommes, un combat de huit heures, contre plus de 10,000.

(2) Ce bataillon se trouvait retardé dans sa marche par la faute de l'officier qui avait été chargé de lui porter l'itinéraire de son mouvement.

Fressinet.

Fressinet (qui en avait reçu le commandement au
moment où le général Gardanne avait été blessé),
le soin de la retraite , lui envoya pour renfort la compagnie de ses gardes à pied , qui arrivait sur le
champ de bataille , et se rendit à la colonne de
droite , à travers d'horribles précipices , suivi de trois
officiers , qui seuls lui restaient de tout son état-
major , au risque d'être pris par l'ennemi , ou assas-
siné par les paysans armés qu'il rencontra dans les
montagnes.

Mais enfin, à travers des périls de tant d'espèces (1),
et après avoir été , vers la fin de sa marche sur-tout ,
constamment talonné par les tirailleurs ennemis (2),
il arriva , au bout d'une heure et demie , précisé-
ment dans la route par laquelle cette colonne se reti-
rait (3). Il lui fit de suite reprendre ses positions du

---

(1) Par la faute d'un guide, le Général suivait , au commencement
de cette marche, un chemin qui , appuyant toujours à gauche, le
jetait dans la route par laquelle l'ennemi tournait la droite de la position que nos troupes avaient si long-tems défendue dans la journée.
L'adjudant-général Thiébault s'en apperçut, et lui fit changer de route,
lorsqu'heureusement il en était encore tems.

(2) Il ne les retarda dans leur poursuite qu'en leur opposant quelques
grenadiers de la 97ᵉ de ligne , que le hasard lui fit rencontrer au moment où ils lui devenaient absolument nécessaires.

(3) Cette colonne, extrêmement retardée dans son mouvement par
la lenteur avec laquelle ses distributions s'étaient faites , et par la longueur et la difficulté de sa marche, ne s'était trouvée à portée d'agir

6

matin sur les montagnes en arrière de Varraggio , et , se trouvant par-là sur le flanc gauche de l'ennemi , qui déjà avait dépassé ce village , il fit seconder par le capitaine Mathivet , commandant quatre compagnies de la 62ᵉ, les efforts du second bataillon des grenadiers , qui enfin arrivé , favorisait la retraite de la colonne de gauche(1), et parvint , ainsi vers les neuf heures du soir , à arrêter l'ennemi (2).

---

que lorsque les troupes de la colonne de gauche étaient déjà en pleine retraite. Cette circonstance avait déterminé l'adjudant-général Sacqueleu à ne rien compromettre , et à se retirer sans en venir aux mains.

(1) Le général Fressinet, qui combattait à la tête de ses grenadiers , tendit, au moyen d'une fausse contre-marche , un piége dans lequel l'ennemi donna si complettement, que dans la déroute qui en résulta pour lui, le général Mélas, qui combattait à la tête de ses grenadiers, n'échappa que parce qu'il n'était pas connu.

(2) La 3ᵉ légère perdit soixante-quinze hommes dans cette journée ; la compagnie des gardes à pied du Général en chef, près de vingt; la 63ᵉ en perdit cent soixante-dix, et le 1ᵉʳ bataillon de grenadiers, le quart de son monde. Il perdit de plus son brave chef le citoyen Ficattier , excellent officier, et qui , dans une charge très-importante, s'étant trop abandonné à sa valeur, fut enveloppé et pris , aux vifs regrets de tous ceux qui avaient été à même de l'apprécier.

Dans cette journée, les lieutenans Mallet et Maynard; les sous-lieutenans Pradet , Revet et Donnot; l'adjudant-sous-officier Fouchet, et les sergens-majors Parenta , Bourceret et Villeneuve, se sont distingués de la manière la plus honorable. Presque tous ont été blessés sans quitter le combat : nous citerons un fait à cet égard. Au moment où un officier autrichien défiait le sous-lieutenant Pradet à un combat particulier, ce dernier a la cuisse percée d'une balle. Ce coup ne

A dix heures, il se rendit à Cogoletto (1), et, en faisant prendre à toutes les troupes position en avant de ce village, il donna les ordres les plus précis pour que les corps fussent de suite reformés, et rassembla en un seul corps les deux bataillons de grenadiers, qui avaient successivement donné dans cette journée. Son projet était de quitter la marine, d'appuyer sur sa droite, et de se réunir pendant la nuit au général Soult, afin de ne plus former qu'une masse, et alors de manœuvrer sur les différentes divisions de l'ennemi, ou de marcher droit à Loano pour y opérer la jonction du centre et de l'aile droite de l'armée, et de remarcher ainsi rassemblé au secours de Génes. La nuit pouvait cacher son mouvement pendant quatre heures, et quatre heures pouvaient lui suffire pour assurer la réussite de cette entreprise : il instruisit les généraux Oudinot et Miolis de cette résolution, et

---

l'arrête point : malgré le sang qu'il perd, il fond sur son ennemi, disperse ceux qui voulaient le défendre, le désarme et l'emmène prisonnier de guerre.

(1) De toute cette journée, le Général en chef n'avait point quitté les tirailleurs. Il avait perdu un Général de brigade sur deux, deux Adjudans-généraux sur trois, et trois Aides-de-camp sur cinq. Vers la fin de l'affaire, il dit avec amertume à l'adjudant-général Thiébault, ce mot qui prouve combien il était vivement affecté de sa situation.... *La mort, Thiébault, n'a donc pas voulu de nous !* Dans la journée, il lui était échappé à différentes reprises de s'écrier...... *Comment, pas une balle pour moi !*

fit de suite évacuer sur Génes tout ce qui se trouvait sur la marine.

21 *Germinal.*

Cette idée de la réunion subite de toutes ses forces sur la droite de ses positions était vraiment militaire , et conséquente au système de guerre arrêté par le Général en chef. C'est ce qu'il pouvait faire de plus décisif dans ce moment : ceux qui la comprirent furent frappés de sa justesse, que la situation des choses rendait évidente : cette jonction inattendue assurait en effet l'anéantissement du corps ennemi que le général Soult avait devant lui , et pouvait conduire à des résultats heureux.

Le départ étant fixé à deux heures du matin , le Général en chef fit appeler à une heure le général Fressinet et tous les chefs des corps , pour leur communiquer son plan, et donner à chacun ses ordres particuliers sur ce qu'ils avaient à faire pour concourir à sa réussite.

Mais le général Fressinet lui déclara « qu'il avait » été absolument impossible de reformer les corps ; » qu'un très-grand nombre de soldats avaient pris, » à travers les montagnes, la route de Génes ; que » toutes les maisons, tous les jardins en étaient remplis ; que les troupes étaient harrassées et affamées , » et que, sûr de n'être suivi par personne, il lui » paraissait impossible de faire , avant le jour, aucun » mouvement ».

Cette déclaration ayant été en substance celle de tous les chefs des corps de cette division, le Général en chef, contraint de différer son entreprise, termina cette conférence, en leur renouvelant l'ordre d'employer tous les moyens imaginables pour reformer les corps, et de lui rendre compte d'heure en heure du nombre d'hommes présens à chacun d'eux.

Dans cette situation, le Général en chef change ses dispositions de la nuit, et envoie au général Oudinot, chef de l'Etat-major-général, et au chef de brigade Marès, commandant le Génie, l'ordre de quitter Génes, et de se rendre de suite auprès de lui ; mais pendant que l'adjudant-général Thiébault expédiait ces différens ordres, le Général en chef, resté seul avec lui, lui répéta souvent : « *Rap-* » *pelez-vous ce que je vous dis. Je cède à une* » *nécessité bien malheureuse, et le tems qu'elle* » *me fait perdre ici sera irréparable* ».

Le jour vint et éclaira le peu d'ordre qui régnait parmi les troupes ; le rapport fait par le général Fressinet et les Chefs, était vrai à la lettre, et les corps ne se formèrent que dans la matinée (1).

---

(1) Si le lecteur veut bien se rappeler l'état des troupes avant le blocus, leur faiblesse physique, le délabrement de la santé de tous, et toutes les causes de découragement qui les entouraient, il concevra combien il était difficile de leur faire tenir campagne, et combien elles devaient être loin de pouvoir soutenir de nouvelles privations, et de grandes fatigues.

Une reconnaissance que le chef de brigade Cassagne fit à la pointe du jour , et le rapport de l'adjudant-général Gautier qui arriva vers dix heures du matin de la division de l'aile droite, achevèrent de démontrer au Général en chef , la nécessité de renforcer le général Soult ; et en conséquence , par une modification de son idée première , comptant sur l'effet de sa présence , tant pour suppléer au petit nombre de ses troupes en cas d'attaque , que pour empêcher l'ennemi de se trop dégarnir devant lui , il résolut , vers onze heures du matin , de rester à Cogoletto avec la 97e demi-brigade, et le bataillon de grenadiers seulement, et de detacher les 3e légère , 62e et 63e de ligne , pour se réunir à la colonne du général Soult.

Avant midi , ces troupes , commandées par le général de brigade Fressinet , étaient en marche : mais , soit que l'ennemi ait eu connaissance du mouvement que le Général en chef avait voulu faire , soit qu'il l'ait prévu , soit qu'il ait voulu renforcer le corps que le général Soult combattait , soit qu'il ait voulu se porter entre lui et le Général en chef, ou les tourner l'un ou l'autre, le fait est qu'il faisait en même tems , et dans la même direction , un mouvement semblable à celui du général Fressinet , et que pendant quatre milles , les colonnes autrichiennes et françaises filèrent sur des crètes parallèles à portée du canon l'une de l'autre. Après avoir passé un couvent nommé le Désert, le général Fressinet, qui cherchait à couvrir sa marche, parvint cependant à la faveur des montagnes à échapper à la vue de l'ennemi. Mais afin de suivre avec quelque méthode les faits nombreux de cette journée si féconde en événemens militaires, reportons-nous à l'instant où nous avons interrompu le fil des opérations du général Soult.

On se rappellera sans doute que par la position que ce Général avait prise le 20 au soir autour de la Verreria, et en avant de Sassello, il ne restait à l'ennemi qui occupait la Verreria que deux points de retraite, l'un sur Ponte-Ivrea par la Galera, et l'autre sur Monte-Notte par Santa-Justina. Il craignit pour le premier de ces débouchés, et y porta pendant la nuit un des quatre régimens qui occupaient la Verreria, conservant cette position avec les trois autres.

Ce mouvement qui l'affaiblissait en le divisant, ne pouvait que favoriser l'attaque que le général Soult avait projetée sur ce point. Aussi le général Gazan, pour profiter de cette circonstance, avantageuse pour nous, ayant sous ses ordres les 25ᵉ légère, 3ᵉ et 92ᵉ de ligne, et les grenadiers de la 2ᵉ, fut-il chargé d'enlever cette position.

Le lendemain, 21 germinal, le chef de brigade Mouton reçut, en conséquence, à deux heures du matin, l'ordre de reconnaître la position de l'ennemi avec quatre cents hommes choisis par lui dans son corps.

Dans sa marche, il ramassa quelques traînards autrichiens ; et s'éclairant de leurs réponses, il apprit, entr'autres choses d'eux, que les trois régimens qui tenaient la Verreria, étaient Lattermann, Deutschmeister, et Wokasowitsch.

Au crépuscule, il arrive à la vue des premiers postes ennemis, soutenu par un bataillon de la 25e légère, et par les grenadiers de la 2e de ligne ; il les attaque avec un seul détachement, et les force tous. Le Major du régiment de Lattermann, avec une partie de son corps, s'avance pour protéger leur retraite. Son détachement est culbuté, et lui est pris. C'est ainsi que nos troupes arrivèrent à la Verreria, principale position de l'ennemi. Alors la défense devint vraiment opiniâtre ; mais la bravoure extraordinaire de nos troupes, jointe à la bonté des dispositions, leur fit surmonter les obstacles des lieux et du nombre ; et l'ennemi, pressé de tous côtés, fut, au bout de deux heures de combat, contraint d'effectuer sa retraite : ce mouvement rétrograde fut saisi ; les efforts redoublèrent avec les succès, et la victoire fut complète. Deux mille prisonniers (1),

_____

(1) Parmi ces prisonniers, était, à 150 hommes près, tout le régiment de Deutschmeister, qui, des hauteurs de Tagliarino, ayant été détaché vers celle de Costa la Longa, se trouva coupé par l'enlevement de ces premières, et rendit les armes à trois compagnies de la 3e de ligne, et aux carabiniers de la 25e légère. Le capitaine Horiot, de la 3e de ligne, se couvrit de gloire dans cette affaire.

et sept drapeaux en furent l'heureux résultat (1).

Cette affaire, dit le lieutenant-général Soult (dans son rapport au Général en chef), fait le plus grand honneur au général Gazan. L'adjudant-général Gauthrin, chef de l'état-major de l'aile droite, s'y distingua. Les chefs de brigade Mouton, de la 3e de ligne, et Godinot, de la 25e, s'y comblèrent d'honneur. Le premier devança les plus braves dans l'attaque si importante de la Verreria. La conduite des troupes, et de la plupart des officiers, fut de même au-dessus de tout éloge, par les prodiges de valeur qui se renouvelèrent à chaque instant.

Pendant cette action, la 78e, sous les ordres du général Poinsot, était restée en réserve sur le chemin de Sassello à Pouzone. Celles des troupes de l'ennemi, qui, dans cette affaire, échappèrent aux nôtres, furent se rallier aux corps qui étaient en position à la Moglia, et à la Galera. Loin de les poursuivre, le général Soult jugea devoir rallier ses troupes sur la hauteur dite *Gros Pasto*, position importante en ce qu'elle domine toutes celles qu'il

---

(1) De ces sept drapeaux, six appartenaient au régiment de Deutschmeister, et un à celui de Lattermann.

Ils furent tous pris par des militaires de la 3e de ligne. Gabriel Levrat, fusillier; Claude Oladant, fusillier; et Jean Rousseau, grenadier, en prirent chacun un : Jean Arnaud, caporal, en prit quatre.

Le régiment de Deutschmeister perdit de plus ce jour toute sa musique.

venait de parcourir, et qu'elle est parallèle à la montagne de l'Hermette, dont il était vraisemblable que l'ennemi ne tarderait pas à s'emparer.

En effet, le mouvement du général Soult commençait à peine à s'opérer, que l'ennemi, débouchant sur deux colonnes fortes à-peu-près de cinq mille hommes chacune, vint prendre position à l'Hermette, et chercha de suite, par le prolongement des hauteurs, à déborder la gauche des troupes du général Soult.

Cette manœuvre exécutée deux heures plutôt, eut été extrêmement embarrassante pour lui ; mais la rapidité de la marche du général Soult, ses succès, et les dispositions de l'ennemi prévues, le mirent à même de faire échouer ses desseins. L'attaque de l'Hermette fut ordonnée : nos soldats, quoique fatigués et faibles, l'exécutèrent avec la plus grande valeur, et déjà la gauche, où le chef de brigade Mouton combattait à la tête des grenadiers des 2e et 3e de ligne, obtenait des succès ; mais la droite débordée par un corps autrichien assez considérable pour mériter une attention sérieuse, battit en retraite, aussitôt que la fusillade commença sur ses derrières ; les troupes d'ailleurs manquaient de cartouches et de pain ; elles étaient harrassées, et marchaient dans la neige jusqu'à la ceinture ; c'était le second combat de cette journée, et la nuit approchait : dans cette situation critique, le brave chef de brigade Godinot, commandant la 25ᵉ légère, et qui venait d'étre blessé, oublie ses douleurs; il s'élance par-tout où nos troupes plient, et se couvre de gloire par les efforts généreux au moyen desquels il les rallie, et les ramène au combat. C'est dans ce moment qu'une vive fusillade se fait entendre sur la gauche de la ligne occupée par nos troupes : l'idée que le Général en chef arrivait et enveloppait l'ennemi, fut présentée avec adresse, et rendit aux soldats cette énergie que l'enthousiasme produit toujours sur nos troupes, et qui leur fait vaincre tous les obstacles : ce feu était celui de la colonne du général Fressinet. Après cinq heures de marche, ce général s'était trouvé en présence d'une colonne ennemie qui cherchait à gagner par sa gauche les derrières du général Soult. Aussi pressé d'arrêter cette colonne que de faire entendre son feu à ce dernier, le général Fressinet avait profité d'un petit bois pour rassembler ses corps à la hâte et sans être apperçu. Dès que les carabiniers de la 3ᵉ légère avaient été réunis, il les avait fait donner; le reste de la demi-brigade n'avait pas tardé à les soutenir; mais les forces de l'ennemi sur ce point avaient annullé leurs efforts. Ils n'avaient été en effet destinés qu'à prévenir (au moyen de leur feu,) le général Soult de l'arrivée d'un renfort, et qu'à occuper l'ennemi jusqu'à ce que les 62ᵉ, et 63ᵉ eussent été formées. Aussitôt qu'elles le furent, le général Fressinet déboucha à leur tête, du petit bois qui l'avait couvert : le pas de charge, dans cette occasion importante, et qui décidait en partie du sort des troupes du général Soult, produisit son effet ordinaire, et la bayonnette française fit raison d'un corps ennemi, que sa force, et sa position ne pouvaient pas permettre d'attaquer avec d'autres armes.

Le général Fressinet donna dans cette journée l'exemple d'une grande intrépidité, en même tems qu'il déploya de véritables talens militaires.

Nous perdîmes dans cette occasion le chef de bri- gade Villaret, commandant la 63e. Cet officier dis- tingué, et si bien fait pour l'être, emporta des regrets aussi vifs qu'universels. Sa mort glorieuse fut vengée par celle du grand nombre d'ennemis qui restèrent sur le champ de bataille. Outre leurs morts, et leurs blessés, les Autrichiens perdirent six cents hommes, et trente officiers qui furent faits prisonniers de guerre sur la montagne de l'Hermette, que le général Fres- sinet concourut à enlever, et où il opéra sa jonction avec les troupes du général Soult.

Cette jonction infiniment heureuse acheva de com- pléter cette journée, l'une des plus glorieuses comme des plus pénibles, de tout le mouvement du général Soult (1). Elle coûta à l'ennemi près de cinq mille hommes, dont les trois cinquièmes furent faits pri-

---

(1) Sur ces entrefaites, et tandis que les autrichiens pliaient sous les efforts redoublés de nos braves, Asséreto, ce déserteur de son pays et

sonniers de guerre (1). Les 25e légère, 3e, et 78e de ligne, ainsi que les grenadiers de la 2e, perdirent dans cette affaire plusieurs de leurs braves. Les regrets qu'ils emportèrent furent d'autant plus amers, que presque tous périrent victimes de leur courage héroïque, et en répétant de ces actions d'éclat que l'on ne peut nombrer dans nos armées, et dont une seule bien connue suffirait pour honorer la carrière militaire d'un oficier. La 92e souffrit moins que les autres corps : elle eut néanmoins dix tués, dont deux officiers ; et vingt blessés, parmi lesquels se trouvaient trois officiers.

Dans cette dernière attaque, le chef d'escadron Daoust eut un cheval tué sous lui.

La nuit obscure qu'il faisait (2), et le dispersement

---

des drapeaux de la liberté, cet homme que son infamie condamne à une espèce de célébrité, sommait Gênes de capituler.

C'était sans doute le comble de l'impudence et le coup de pied de l'âne, quoique le lion ne fût pas mourant.

Dans cette dégoûtante gasconade, *Jules - Dominique Asséreto*, en bon Génois, prophétisait à ses compatriotes qu'il allait à la tête de 40,000 hommes de troupes, soutenues par 80,000 autrichiens, prendre Gênes d'assaut, si sa sommation était rejettée.

(1) Le peu de troupes dont on pouvait disposer pour conduire les prisonniers, fit qu'un grand nombre d'entr'eux s'échappa, et retourna à l'ennemi. Cette circonstance nous en fit perdre un grand nombre dans toutes les affaires de ce blocus.

(2) La poursuite de l'ennemi s'était faite à la lueur seule de la mousquetterie.

des troupes, décidèrent le lieutenant-général (pour ne rien compromettre,) à ordonner que les troupes se ralliassent à Gros-Pasto, et que la position de l'Hermette ne fût tenue que par des postes. C'est ainsi que se termina, pour les troupes du général Soult (1), cette journée dans laquelle elles combattirent avec tant de succès les brigades de Bussy, de Lattermann, et de Sticher, qui formaient, sous les ordres du comte de Palfy, le centre du corps que commandait en personne le général Mélas.

Un bataillon de la 78e fut chargé de conduire à Gênes les pièces de canons et les prisonniers que l'ennemi avait perdus, tant dans cette journée que la veille et l'avant-veille.

Mais pendant que la victoire couronnait ainsi sur notre droite les efforts des braves que commandait d'une manière si brillante le général Soult, l'ennemi qui avait vu partir toute la colonne conduite par le général Fressinet, pressentit la faiblesse du corps qui restait à la gauche, et résolut d'en profiter pour le battre, et pouvoir, en cas de besoin, porter ensuite toutes ses forces réunies contre le général Soult.

(1) Si ces dernières durent en partie la victoire au renfort que le général Fressinet leur amena si à-propos, il est bien évident aussi que l'ennemi ne dut la conservation d'une partie des troupes qui défendirent la Verreria et l'Hermette, qu'à l'impossibilité où fut le Général en chef d'exécuter son mouvement au moment où il le conçut, ou seulement au moment où il l'avait ordonné.

Vers une heure après midi, il attaqua la 97ᵉ,
qui, sous les ordres de son chef, tenait la position
en avant de Cogoletto, sur la rive droite du torrent,
et qui, en cas de retraite, avait ordre de se retirer
sur la position qui se trouve à la gauche du même
torrent, et où l'adjudant-général Gautier, qui arrivait de la colonne du général Soult, était en réserve
avec le bataillon de grenadiers.

Pressée par des forces supérieures, on doit des
éloges à la résistance que la 97ᵉ opposa aux premières
attaques de l'ennemi ; mais une fois chassée de sa
position, sa retraite fut une véritable déroute. Tous
les efforts pour la rallier ou lui faire monter la côte
où était la réserve furent inutiles ; et dans le plus
grand désordre, elle se jeta toute entière sur les bords
de la mer, où elle fut vivement canonnée par six
chaloupes ennemies (qui suivaient tous nos mouvemens), et bientôt chargée par la cavalerie.

Quant au Général en chef, lorsqu'il vit que dans
un pays de montagnes, quarante-cinq hommes des
huzards de Zeckler chargeaient impunément une
demi-brigade toute entière, et que déjà ils étaient
maîtres de Cogoletto, il se mit avec le général Oudinot à la tête d'une trentaine d'officiers, et de guides
qu'il avait avec lui, les chargea, et les rejeta au-delà
du torrent ; là, soutenus par leur infanterie, ils se
rallièrent ; peu d'instans après, ils revinrent à la

charge, et furent une seconde fois repoussés (1), dans une deuxième charge que conduisit le chef d'escadron Contant, commandant les guides du Général en chef (2).

Dans le nombre des officiers qui dans cette charge se disputèrent l'honneur de porter les premiers coups, l'on doit à la justice de nommer les citoyens Franceschi, chef d'escadron au 15e de dragons, et Sibuet, aides-de-camp du Général en chef.

La 97e ne put être un peu reformée qu'à Voltry. L'adjudant - général Gautier, au milieu de tous ces événemens, garda la position de Cogoletto, et n'en partit avec ses grenadiers qu'à onze heures du soir.

On voit par le tableau des événemens de cette journée, que le but du Général en chef fut cependant entièrement rempli, puisque la diversion qu'il parvint à opérer par l'effet de sa présence, assura les avantages si importans du général Soult, qui avait en effet non-seulement les quatre cinquièmes, mais encore l'élite des troupes, et tous les généraux.

(1) Ils eurent un hussard tué, deux pris, trois ou quatre blessés, dans ces deux charges qui nous coûtèrent trois blessés, dans le nombre desquels se trouva le citoyen Hatry, officier adjoint à l'état-major-général, et qui, par la chûte de son cheval, fut pris après avoir reçu cinq coups de sabre. Nous perdîmes aussi dans cette charge le vague-mestre-général.

(2) Cet officier s'étant un peu trop abandonné en poursuivant l'ennemi, fut coupé un moment et faillit être pris. Il n'échappa qu'en passant avec son cheval à travers les barques qui couvraient le rivage.

2 2 *Germinal.*

Nous trouvons ici une nouvelle preuve de ce que nous avons déjà dit sur les dangers que la difficulté des communications apporte à la guerre des montagnes. En effet, le Général en chef, qui ignorait ce qui s'était passé aux divisions de droite, avait vainement envoyé au général Soult cinq officiers pour le prévenir de son mouvement rétrograde (1). Aucun n'était arrivé ; et tandis que la colonne de gauche se repliait sur Gênes, celle de droite marchait sur Monte - Notte.

Le Général en chef, n'ayant point de nouvelles du général Soult, jugea par son silence qu'il n'avait reçu aucune de ses dépêches, et résolut alors de reprendre l'offensive pour seconder ses opérations, s'il avait des succès, ou faciliter sa retraite s'il avait des revers.

-----

(1) Dans le nombre de ces officiers, nous citerons 1°. le capitaine Dath, adjoint à l'adjudant-général Sacquelcu. Cet officier connaissait l'importance de sa mission ; et incapable de ne pas tout tenter pour la remplir, il fut pris en cherchant à passer entre quelques postes ennemis. L'armée perdit momentanément en lui un très-bon officier. 2°. Le chef d'escadron Franceschi, aide-de-camp du général en chef, qui s'était volontairement offert pour porter un ordre important, et qui ne parvint auprès du général Soult qu'après trois jours passés à errer dans les montagnes, à travers tous les postes autrichiens. Il est difficile de concevoir combien étaient délicates, pénibles, et dangereuses ces missions dans lesquelles les officiers, sans aucune escorte, étaient, pour ainsi dire, à la discrétion de leurs guides.

7.

La conduite de la 97ᵉ à l'affaire de Cogoletto, lui valut l'ordre de se rendre à Génes pour y tenir garnison.

Les troupes dont le Général en chef fit choix pour cette seconde expédition, furent le bataillon de grenadiers, dont nous avons déjà parlé, les 73ᵉ, et 106ᵉ de ligne, formant deux mille deux cents hommes, et le détachement des gardes, qui sous les ordres du chef d'escadron Contant venait de couvrir la retraite des troupes qui s'étaient repliées sur Génes. Le rassemblement de cette colonne se fit à Sestri du Ponent, et vers midi, ces troupes marchaient déjà sous les ordres des adjudant-généraux Thiébault, et Gautier, pour reprendre Voltry, qu'on disait occupé par cinq mille Autrichiens. Ce bruit n'était pas fondé. L'ennemi, tout en y ordonnant sept mille rations de vivres, n'y avait envoyé que quelques hussards. Mais ce qu'il y eut de fort heureux dans l'arrivée de cette colonne, c'est que les trois mille prisonniers faits dans les journées précédentes par le général Soult, passant à Voltry, et voyant cette place évacuée par nous; n'ayant qu'une faible escorte, encore mal commandée; se trouvant à portée des avant-postes de leur armée; encouragés d'ailleurs par le mauvais esprit des habitans de Voltry, et de plus excités par la faim, se disposaient à la rébellion, et allaient faire prisonniers ceux qui composaient leur escorte, si la vue de l'avant-garde de la colonne, et de ses chefs (qui accoururent

au bruit de ce danger), n'avait pas fait rentrer tout
dans l'ordre.

Pendant ces différens mouvemens, l'ennemi en
faisant descendre un nouveau corps de troupes des
montagnes auxquelles Saint-Martino est appuyé,
avait repris l'Hermette avec un autre corps d'environ
cinq mille hommes, et le général Soult, toujours
supérieur aux difficultés qui de tous côtés et à chaque
instant se multipliaient sous chacun de ses pas, avait
de nouveau formé le projet de l'en chasser. En conséquence, il fit attaquer de nouveau cette position le 22
au matin (1). Le général Fressinet, ayant sous ses
ordres toute sa brigade, fut chargé de l'attaque de
gauche, et le général Poinsot, commandant la 25e
légère, et les grenadiers de la 2e de ligne, de l'attaque
de droite. Les 92e, et 78e furent placées dans le
centre ; la 3e de ligne fut placée en réserve.

Les munitions commençaient à manquer ; cette
circonstance eût été embarrassante pour beaucoup de
chefs ; elle ne le fut pas pour le général Soult, qui
suppléa à ce manque, par l'ordre d'enlever cette position au pas de charge et à la baïonnette, et par la
défense faite, sous peine de mort, de tirer un coup

(1) Le général Soult reconnaissant, avec l'adjudant-général Gauthrin,
les positions de l'ennemi, lui demanda comment il les attaquerait, s'il
était chargé de le faire. Ce dernier, ayant développé ses idees à cet
égard, le général Soult lui dit : — *Allez, et donnez en mon nom ces
ordres aux généraux Fressinet et Poinsot.*

7··

de fusil. Ces dispositions furent scrupuleusement sui-
vies. Presque toutes les troupes furent, pour l'attaque,
formées par sections en colonnes. La charge fut battue,
et la position emportée, malgré les neiges et des
rochers semés dans cette partie, de manière que
chaque soldat autrichien s'y trouvait pour ainsi dire
retranché. Nous fîmes dans cette affaire, très-meur-
trière pour l'ennemi, deux cents prisonniers, dans le
nombre desquels se trouva le colonel du régiment de
Keith (1). Le chef de brigade Cassagne, qui faisait
alors fonction de général de brigade, justifia dans
cette occasion l'opinion que l'armée avait de ses talens,
et de sa valeur.

Chassé des premières positions de l'Hermette,
l'ennemi se rassembla sur les dernières hauteurs de
cette montagne; ce qui détermina le général Soult à
l'y faire attaquer par les généraux Gazan, et Poinsot;
mais l'ennemi avait sur ce point des retranchemens
qui ne permirent pas de l'y forcer, et devant lesquels
les 62ᵉ, 63ᵉ, 78ᵉ, et 92ᵉ firent avec quelque perte,
d'inutiles efforts.

Quant au corps ennemi qui était descendu par
Santo-Martino, il alla dans le plus grand désordre se
se rallier aux réserves qui étaient placées sur les
hauteurs de Varraggio.

_____

(1) Le général Poinsot, en faisant ce Colonel prisonnier, eut le
fourreau de son sabre coupé par deux balles.

En conséquence de cette non-réussite de l'attaque de droite, la division se rassembla et prit position sur les hauteurs qu'elle avait conquises dans la matinée, et la 63ᵉ partit pour Génes, escortant les prisonniers et les blessés.

23 Germinal.

Les troupes aux ordres du général Soult ne firent ce jour-là aucun mouvement : la nature des nouvelles positions de l'ennemi, la fatigue, la faim, et le manque de munitions, furent les motifs de cette halte (1); que dans tous les cas, les nuages extrême-ment épais, qui, pendant une grande partie de la la matinée, enveloppèrent ces montagnes si élevées, auraient nécessitée.

24 Germinal.

Le 24, l'ennemi se resserra, et prenant la ligne de l'Erro et du Resio, appuya sa droite à Albissola. Il renforça en même tems ses camps de la Moglia, de la Galera, et de Santa-Justina.

Le général Soult suivit ce mouvement, et voulut en profiter pour enlever le camp de Santa - Justina ; mais ce fut vainement qu'il le fit attaquer par les

---

(1) Le peu de ressources que notre manque d'argent nous laissait, se faisait principalement sentir dans le manque total de nos transports. A défaut de mulets, on fit porter à des hommes le peu de pain que l'on put envoyer aux troupes du général Soult.

2 5ᵉ légère , et 3ᵉ de ligne, commandées par le général Poinsot. Ce camp était retranché ; et cet obstacle,
qui n'avait pas été prévu, rendit dans cette entreprise
l'effort de nos troupes inutile.

De son côté, le Général en chef partit de Gênes le
2 3 au matin, arriva vers neuf heures à Voltry ; les
troupes qui y étaient se portèrent jusqu'à Varraggio,
sans qu'il s'engageât d'affaires, l'ennemi ayant de
même abandonné toute la marine pour se rassembler
sur les hauteurs de Savone.

Le lendemain, le Général en chef prit position
en arrière d'Albissola, ayant son quartier-général à
Celle (1).

Cette journée du 2 4 se passa en reconnaissances
de part et d'autre.

Le soir, le Général fit partir un bateau chargé de
grains pour Savone ; mais les corsaires l'empêchèrent
d'arriver, et le forcèrent de rétrograder à Celle.

2 5 *Germinal.*

De très-grand matin, l'ennemi détache une forte
colonne des hauteurs de Savone. Cette colonne qui
parait dirigée sur la Stella, appuie sur sa gauche,
lorsqu'elle est arrivée à la hauteur de ce village : peu

---

(1) Toute cette marche se fit sous le feu de la flotte anglaise, qui
nous tua plusieurs hommes, et nous força de quitter le chemin de la
marine, et de marcher à travers les montagnes. La 106ᵉ seule perdit
dans ce trajet neuf hommes, dont un officier.

après elle quitte les crêtes et disparaît dans les gorges des montagnes, en remontant la rive droite du Resio.

Le général Massena, dans la vue d'empêcher que cette colonne n'achevât son mouvement contre le général Soult, ou du moins qu'il ne s'en détachât d'autres, desirant d'ailleurs connaître les forces que l'ennemi conservait devant lui, et ses moyens de défense, le fait attaquer après quelques reconnaissances faites dans les mêmes vues.

En ordonnant ce mouvement, l'intention du Général en chef était bien de profiter du succès, si la chance des combats lui avait décidément été favorable ; mais il ne voulait pas compromettre le peu de troupes dont il pouvait disposer : c'est d'après cela, qu'en leur recommandant de ne rien aventurer, il ordonna au chef de la 73e de ligne de marcher avec sa demi-brigade sur le couvent des Capucins, situé sur les hauteurs qui séparent Albissola de Savone, et à l'adjudant-général Gautier d'attaquer, avec le bataillon de grenadiers, les montagnes qui flanquent la gauche de cette position. Le général de division Oudinot, chef de l'état-major-général de l'armée, chargé de commander cette attaque, conduisit la colonne de gauche. Quant au Général en chef, qui par ces dispositions ne conserva avec lui que la 106e demi-brigade, il la plaça de manière à en former sa réserve, et à mettre sa droite à l'abri de toute insulte.

L'ennemi avait dans cette partie deux de ses meil-

leurs régimens d'infanterie, et cinq bataillons de grenadiers ; aussi sa défense, digne de ces troupes
d'élite, fut-elle très-opiniâtre : il se trouva cependant forcé un moment, et par le général Oudinot, et
par l'adjudant - général Gautier, chacun sur des
points différens ; mais soutenu sur toute sa ligne par
des troupes en échelons (1), et à des distances très-
rapprochées, il reprit vivement le terrein qu'il avait
perdu, et poursuivit de même les grenadiers qui, en
gravissant cette montagne, et par la nature du
terrein, s'étaient éparpillés, et n'étaient plus en
mesure de se rallier. Aussi-tôt que le Général en
chef s'apperçut que ces troupes battaient en retraite,
il s'avança à la tête d'un des bataillons de la 106ᵉ,
arrêta l'ennemi au moment où ce dernier voulut traverser le torrent d'Albissola ; facilita de cette manière
la retraite des grenadiers, qui de suite se reformèrent,
et rejeta l'ennemi sur la montagne.

Le combat dura près de trois heures : il fut suivi
par un tiraillement qui ne finit qu'avec le jour, et
chacun reprit sa position primitive, après avoir fait
de part et d'autre quelques pertes en blessés, morts,
et prisonniers (2). L'adjudant-général Gautier eut un

---

(1) Dans les pays de montagnes, cet ordre par échelons, est (pour
peu que d'ailleurs les dispositions soient bonnes,) le plus formidable de
tous pour la défensive.

(2) La fortune du général Massena se prononça en ce moment : s'il
eût battu l'ennemi, et l'eût poursuivi, ou si seulement il fût resté le

cheval tué sous lui dans cette affaire. La nuit venue,
et sur l'avis que l'ennemi filait sur notre droite, le
Général en chef se rendit à Varraggio, et fit prendre
à l'adjudant-général Gautier, qui commandait alors
la totalité des troupes dont nous venons de parler, la
position en avant du village.

C'est de là que le Général en chef, inquiet de ne
point avoir de nouvelles du général Suchet, et desirant sur-tout hâter les attaques qu'il lui avait ordonnées, fit partir à cet effet le général Oudinot (1) :
conduit par le brave Bavastro, capitaine de corsaire, ce
général, accompagné de son aide-de-camp Demangeot,
arriva à Finale après peu d'heures de navigation (2).

Dans cette journée, la victoire ne couronna nulle
part nos efforts ; car pendant que la colonne conduite
par le Général en chef, avait fait sur Savone un
inutile effort, les troupes du général Soult cédaient
de même à une supériorité trop disproportionnée.

---

26 dans ses positions, il était perdu par l'effet du mouvement de
l'ennemi, et de celui du général Soult.

(1) L'un des militaires les plus distingués par les qualités rares et si
précieuses qui caractérisent l'homme de guerre, les talens qui les per-
fectionnent, cette délicatesse qui les annoblit, ces formes heureuses
qui concilient toutes les affections.

(2) Le général de brigade Franceschy, sous-chef de l'état-major-
général, étant absent, l'adjudant - général Andrieux remplissant ces
dernières fonctions, fut appelé à celle de chef de l'état-major-général,
par le départ du général Oudinot.

Différens motifs qui résultaient de sa position, et des mouvemens de l'ennemi, avaient déterminé ce général à risquer une affaire générale. D'un côté, ses troupes manquaient de pain depuis deux jours, et touchaient à la fin de leurs munitions ; et d'un autre côté, l'ennemi se retranchait à la Moglia, et s'était emparé de Sassello, d'où il menaçait les derrières du général Soult. Pour prévenir ses desseins que ce mouvement découvrait, il fallait combattre, et ce parti, dicté par la nécessité, fut pris.

Le général Gazan reçut l'ordre de reprendre d'abord Sassello : cette opération n'était que préparatoire ; elle conduisait à une autre plus décisive, dont le but était d'emporter les camps de l'ennemi dans cette partie ; mais que faute de cartouches nécessaires pour soutenir un long combat, le lieutenant-général Soult avait renvoyée à quatre heures du soir (1).

Le général Gazan fit son expédition de Sassello, avec autant de célérité que de succès. D'après les dispositions arrêtées pour l'attaque générale, il fut chargé

(1) Les attaques du soir sont extrêmement militaires, lorsqu'on n'est pas en mesure d'obtenir des succès décisifs. Par l'effet du caractère national, nous préférons souvent celles du point du jour, parce qu'elles offrent de plus grandes chances à la valeur et à la fortune : les autrichiens, plus méthodiques, attaquent à neuf ou dix heures du matin ; cette manière donne à leurs troupes le tems de faire leur repas avant de combattre, et les met d'autant plus à même de calculer les évènemens de la journée, qu'elle est moins longue.

de celle du centre sur Ponte-Ivrea, ayant sous ses ordres la 3ᵉ de ligne, et les grenadiers de la 2ᵉ, et reçut pour instructions particulières, de tâcher de gagner et ensuite de suivre constamment la crête des montagnes : le général Poinsot, avec les 3ᵉ et 25ᵉ légères, forma l'attaque de la droite de l'ennemi sur la Galera, tandis que le général Fressinet, commandant la 78ᵉ, et ayant en réserve la 92ᵉ, attaqua la gauche sur la Moglia, dans l'intention de la rejeter sur le centre, et de s'y réunir au général Gazan. Le but de cette affaire était d'enlever à l'ennemi ses positions, sans lesquelles il ne pouvait ni conserver Savone, ni empêcher la jonction des troupes de l'aile droite et du centre de l'armée.

On eut dans cette occasion la mesure de ce que peuvent des troupes françaises. Sans repos, sans pain, et presque sans cartouches, les soldats marchèrent à l'ennemi avec un courage héroïque. Tout ce que peuvent l'honneur et l'intrépidité, fut déployé dans cette action extrêmement meurtrière. Deux fois, dix mille Autrichiens retranchés jusqu'aux dents, et ayant une nombreuse artillerie, cédèrent à la valeur d'une poignée de braves, qui deux fois parvinrent sur la crête des hauteurs de Ponte-Ivrea, et qui auraient fini par s'y établir, si M. de Mélas, avec une réserve de cinq mille combattans (1), ne fût arrivé vers la

(1) Les mêmes qui le matin étaient partis de Savone.

fin de la journée, et n'eût ranimé ses troupes par sa présence, et par ce renfort. Cette circonstance nous enleva une victoire qui fut long-tems balancée par les efforts surnaturels que firent nos troupes, par la bonté des dispositions, et par la manière avec laquelle (à l'exemple du général Soult,) cette affaire fut conduite, par tous les autres chefs qui s'y trouvèrent sous ses ordres. La nuit mit fin à ce combat terrible, après lequel chacun reprit les positions qu'il avait avant l'attaque.

La conduite de la 5e de ligne fut dans cette occasion comme dans tant d'autres au - dessus de tout éloge. Cette demi-brigade soutint long tems tout l'effort des ennemis, qui après avoir fait plier nos deux ailes, croisèrent leur feu sur elle. Son opiniâtre et si honorable résistance lui coûta 184 de ses braves, dont 20 officiers ; mais elle conserva jusqu'à la nuit close sa première ligne de bataille, et couvrit par là la retraite des deux ailes.

Que peut-on dire en l'honneur d'un corps et de son chef, qui vaille le simple exposé d'un fait de cette nature ?

Le feu de bas en haut étant le plus meurtrier, l'ennemi perdit infiniment dans cette journée, qui dans la proportion qui nous était relative nous coûta de même beaucoup de monde. Plusieurs corps autrichiens furent à moitié détruits ; le régiment de Colloredo seul eut plus de quatre cents blessés.

Le général Fressinet fut blessé au commencement de cette affaire d'un coup de feu à la cuisse gauche, et ne quitta cependant le champ de bataille que, lorsqu'une demi-heure après, il reçut une seconde blessure à la tête : son départ, et le nombre considérable de nos tués et blessés, mirent du désordre dans ses troupes ; elles étaient même entièrement en retraite, lorsque l'adjudant-général Gauthrin en prit le commandement. Il les rallia ; et ayant reçu pour renfort la 62e, qui jusque-là était restée en réserve, il reprit l'offensive, et avec elle les positions qui venaient d'être abandonnées (1).

Le lieutenant-général fit dans son rapport une mention honorable de la conduite de l'adjudant-général Gauthrin dans cette occasion très-importante, puisque par le mouvement qu'il empêcha l'ennemi d'exécuter, ce dernier prenait à revers tout notre centre.

Toutes les troupes illustrèrent réellement cette journée, par le courage extraordinaire avec lequel elles se battirent ; mais on ne peut rien dire qui donne une idée de ce que firent dans cette journée, les 25e légère, 3e, et 62e de ligne, ainsi que les grenadiers de la 2e demi-brigade de bataille.

---

(1) Dans ces différentes affaires, le sous-lieutenant Delongue, et le sergent-major Drapier, de la 62e, se conduisirent de la manière la plus honorable, sous le double rapport des talens et de la bravoure. On peut en dire autant du capitaine Nicaise, et du lieutenant Pouillard, de la 25e légère.

26 et 27 *Germinal.*

L'espèce de guerre que fait une armée, résultant nécessairement de sa situation, et de sa force, il était tout naturel que M. de Mélas, et le général Massena, suivissent une tactique tout-à-fait différente. Toujours aux prises avec un ennemi infiniment plus nombreux que lui, le but du Général en chef avait toujours été de le diviser, en marchant sur deux colonnes. L'une faible, manœuvrait autant que cela lui était possible, tâchait d'occuper l'ennemi, et ne l'attaquait, ou ne recevait le combat que quand il n'y avait pas d'autre moyen de le tenir en présence, comme à Albissola; ou aucun moyen de l'éviter, comme à Cogoletto; l'autre tâchait de soutenir l'offensive, en réunissant la presque totalité de ses troupes sur les différens corps de l'ennemi, et de cette manière, de battre successivement ses divisions, comme on le voit à Marcarolo, Sassello, la Verreria, etc. L'ennemi, au contraire, pouvant se diviser sans trop s'affaiblir, cherchait toujours à nous envelopper, et ne nous faisait face sans nous charger, que pendant que des colonnes détachées nous tournaient de tous côtés. Dans le commencement des affaires, l'impétuosité de quelques-uns de nos corps, cette valeur qui fait par fois disparaître l'avantage du nombre, et des mouvemens heureusement combinés avaient fait tourner cette dernière manœuvre à notre avantage :

mais, obligés d'employer toujours les mêmes corps, il était inévitable que des efforts si souvent répétés ne finissent par les épuiser.

L'ennemi perdait sans doute quatre ou cinq fois plus de monde que nous ; mais, avec cette différence qu'il était en mesure de réparer ses pertes, et que les nôtres étaient d'autant plus irréparables, que nos avantages étant le prix du dévouement le plus entier, les journées de gloire se payaient du sang des plus braves, de sorte que, tout en battant l'ennemi, nous nous affaiblissions par nos victoires, tandis que relativement à nous il se fortifiait même par ses défaites.

L'attaque des positions de l'ennemi à Albissola, la Galera, Ponte - Ivrea et la Moglia, n'ayant pas réussi, il ne restait qu'à se retirer. A quoi pouvait servir de s'arrêter plus long-tems dans d'affreuses montagnes, où les troupes étaient en proie aux privations de toute espèce, et où il n'y avait plus que des dangers pour elles. Indépendamment de ces considérations générales, il ne restait pas au général Soult trois cartouches par homme ; il n'existait pas même une once de pain dans toute sa division. Les horreurs de la faim étaient telles, qu'elles avaient réduit les troupes aux dernières extrémités (1). Une situation semblable

---

(1) Il est inimaginable tout ce que le Général en chef et le général Soult firent pour approvisionner les troupes de cette colonne. De partout, et par tous les moyens possibles, l'un demandait et l'autre envoyoit sans cesse. Les envois étaient escortés, et les demandes étaient faites

ne pouvait pas laisser de doute sur le parti qu'il y avait à prendre ; aussi le 26, à une heure du matin, les troupes reçurent-elles l'ordre de se porter à Sassello, où le lieutenant-général, dans la vue, soit d'arrêter l'ennemi en l'occupant, soit de le diviser, soit de le porter à faire de faux mouvemens, et de se procurer par-là les moyens de donner un peu de repos à ses corps, prit une position telle, qu'il annonçait une marche vers Cairo ou Dego.

L'ennemi ne prit cependant pas le change sur les intentions du général Soult, et afin de ralentir sa marche, il ne tarda pas à l'attaquer, pendant que, fidèle à son systéme, une de ses colonnes se portait sur l'Hermette pour pouvoir seconder les troupes destinées à couper la retraite à celles du général Soult. Ce dernier pénétrant les vues de l'ennemi, pressa sa marche pour arriver rapidement à Gros-Pasto, et s'y rassembler:

Le général Soult n'était pourtant pas encore en

---

par des officiers de tout grade. L'adjudant-général Gautbrin fut chargé d'une mission de ce genre, missions auxquelles les circonstances donnaient la plus haute importance. Ce qui contribuait essentiellement à multiplier les obstacles, c'était le manque des mulets, et la difficulté ainsi que les dangers des routes dans lesquelles, à cause de leur longueur, la nuit trouvait toujours les convois. Au défaut de mulets, on fut obligé d'employer pour ses transports des hommes et des femmes ; mais pris dans un pays difficile et où nous étions peu aimés, on conçoit combien de ces porteurs profitaient des ténèbres pour échapper avec leurs charges à la surveillance de l'escorte et des conducteurs.

position

position à Gros-Pasto, et déjà les postes avancés de la 92e de ligne qui était à la Verreria, se battaient contre des troupes que l'ennemi avait détachées de ses camps de la Galera et de Santa-Justina.

C'est dans ce moment que M. le général de Belle-garde qui, depuis la première affaire de la Verreria, avait succédé sur ce point au général Saint-Julien, et qui comptait sur l'effet d'une colonne qu'il faisait filer sur les flancs du général Soult par les déserts de Var-raggio, envoya son chef d'état - major à ce général pour le sommer de se rendre, lui observant qu'étant cerné par des forces infiniment supérieures, toute défense devenait d'autant plus inutile, qu'il n'avait, *à la connaissance de tout le monde*, ni vivres, ni cartouches..... *Avec des baïonnettes et des hommes qui savent s'en servir, on ne manque de rien*, répondit le général Soult; *et s'il étoit moins tard*, ajouta - t - il, *votre général, Monsieur, se repenti-rait de cette démarche*. Il ne pouvait cependant se dissimuler combien sa position était critique ; mais cette fermeté en imposa à l'ennemi, et sa présence d'esprit acheva de le sauver. En arrière de la Verreria, il y a une position, d'où l'ennemi pouvait ôter tout moyen de jonction entre les colonnes conduites par le Général en chef, et le général Soult. M. de Belle-garde, que la supériorité de ses forces rendit trop confiant dans cette occasion, négligea de s'en empa-rer. Quand au général Soult, il profita d'un brouil-

8

lard très-épais pour faire reployer ses brigades , et pour s'y porter avec la plus grande partie de son monde ; et quand ce brouillard fut dissipé, l'ennemi nous vit sur deux lignes, débordant son flanc droit , et placés de manière à couvrir Voltry. Il n'était que six heures du soir, les troupes à petite portée de fusil ; le combat paraissait inévitable. Ces dispositions en imposèrent néanmoins à l'ennemi. L'affaire ne fut point engagée , et, dans une immobilité parfaite, l'on demeura en présence jusques après dix heures. Le général Soult alors, malgré l'excessive fatigue des soldats, absolument affamés, ordonna au général Gazan de mettre, à trois heures du matin, 27 germinal, ses colonnes en mouvement, et de les diriger sur Voltry, en passant par Arenzano.

Elles arrivèrent à Lerca, et à Arenzano, en même tems que les troupes de la division de gauche , avec laquelle se trouvait le Général en chef, et qui, parties de Cogoletto, effectuaient de même leur retraite sur Voltry, où les deux divisions prirent position dans l'après-midi , et où toutes les troupes qui les composaient, furent réunies sous les ordres du général Soult , et reçurent des vivres et des munitions (1).

---

(1) Tous les militaires éclairés , qui ont suivi le lieutenant-général Soult dans cette expédition , se sont plu à rendre hommage aux talens si distingués qu'il y a développés. Une circonstance qui a été principalement remarquée et admirée, c'est que tous les corps ont donné à leur tour ; tous ont eu occasion de se faire connaître : aucun d'eux n'a été plus

Pour le Général en chef, il se rendit à Gênes, où d'autres soins l'appelaient (1).

28, 29 et 30 *Germinal.*

Voltry ne nous présentant aucune position susceptible d'une défense avantageuse, du moment que l'ennemi était maître de la Madona di Sestri, et de Rivarolo, il n'est pas douteux que, sous les rapports

---

exposé ou plus employé que les autres ; cette attention qui a été la même pour les officiers-généraux et supérieurs qu'il avait sous ses ordres, lui a fait le plus grand honneur dans l'opinion générale.

(1) Ces soins consistaient à découvrir des moyens de subsistances ; à régulariser les versemens de bled que le gouvernement ligurien était, depuis le 24 germinal, obligé de faire tous les jours, et qui éprouvaient de fréquentes intermittences ; à se procurer quelques fonds, et à fermer le port de Gênes aux espions de l'ennemi. Pour parvenir à ce dernier but, il donna au citoyen Sibille, commandant les forces navales de l'armée, le commandement du port. A force de rechercher, on découvrit un peu de grains, pour le moment du moins. Le besoin, et le défaut total d'argent, forcèrent cependant le Général en chef à recourir à de nouveaux expédiens.

De ce nombre étaient par forme d'emprunt,

1°. L'enlèvement de tout l'argent qui se trouva à la poste aux lettres.

2°. La prise de ce qui existait dans la caisse des Idilles, et celle du commerce.

3°. La mise en réquisition de quelques comestibles qui se trouvaient à Porto-Franco. Tout cela ne rendit guères que 100,000 francs ; mais quelque disproportion qu'il y eût entre cette somme, et la masse des besoins que chaque moment multipliait, elle était cependant d'autant plus précieuse dans ces momens de détresse, qu'elle mettait à même de ne pas ouvrir de nouveaux emprunts sur les citoyens.

8..

militaires, il n'eût été préférable de continuer, dès le matin du 28, la retraite des deux divisions sur Génes, afin de ne pas risquer d'être coupé par Sestri ou Cornegliano. Mais il existait un peu de grain à Voltry ; les distributions de la journée ne pouvaient être faites que le soir, et notre misère était telle, que les moindres quantités étaient précieuses pour nous. Il fut donc arrêté que, le 28, les deux divisions seraient nourries à Voltry, et que cette journée serait employée à évacuer sur Génes tout ce qui pouvait se trouver de vivres à Voltry, Pra, Sestri du Ponent, et Cornegliano.

Tel fut du moins le motif ostensible de cette halte, motif qui cependant n'était que secondaire pour le Général en chef. La raison secrète était de retenir, pendant cette journée, l'ennemi devant Voltry ; d'embarquer le soir les 3ᵉ et 25ᵉ légères, et les 3ᵉ et 106ᵉ de ligne, de les transporter, pendant la nuit, dans le Levant, de les y débarquer à la faveur d'une attaque brusque et inattendue que le général de division Miolis devait y faire, et de se porter jusqu'à Porto-Fino, afin d'y enlever un convoi de grains qui venait d'y arriver.

Cette expédition conçue et ordonnée, lorsque le général Massena ne paraissait songer qu'à assurer sa retraite, et le secret profond dont elle fut couverte, eussent assuré sa réussite entière, si l'ennemi, par ses forces énormes et toujours disproportionnées, n'eût pas été à même d'être par-tout assez fort pour agir contre nous. N'ayant jamais besoin de perdre une heure pour se rassembler, (ses divisions équivalant à nos masses,) et toujours intéressé à combattre lorsqu'il ne pouvait pas nous envelopper, il était naturel que la moindre halte nous obligeât à une marche forcée, ou à une bataille.

M. de Mélas, qui ne pouvait perdre de vue ce double avantage que sa position militaire lui donnait constamment sur nous, résolut de profiter du séjour que nos troupes faisaient à Voltry, pour empêcher leur rentrée à Gênes ; et en conséquence, dans la matinée du 28, il partagea en deux corps toutes celles qui se trouvèrent à sa portée. Son corps de droite, composé de trois régimens, devait, sous les ordres de M. de Bellegarde, attaquer notre centre, et occuper nos troupes en avant de Voltry. Son corps de gauche, composé de six régimens, et conduit par lui-même, devait se rendre à Sestri, forcer notre droite, et attaquer ensuite, par leurs revers, toutes les positions occupées par nos troupes (1).

Ce plan fut suivi à la lettre par l'ennemi : mais l'attaque de notre centre se fit avec trop de vigueur, le mouvement de M. de Mélas avec trop de lenteur ; de sorte qu'au moment de leur retraite (qui se fit sous

(1) Vers midi, ce mouvement avait été annoncé par un déserteur autrichien.

les ordres du général Gazan), nos troupes ne trouvèrent point encore l'ennemi à Sestri. Pendant ce
mouvement rétrograde, elles soutinrent à Voltry, et
en avant de cette position, de terribles combats :
l'extrême valeur de la 106ᵉ, et sur-tout celle de ses
trois compagnies de grenadiers, qui forcèrent le passage du premier pont de Voltry, déjà occupé par
l'ennemi, et protégèrent jusqu'au dernier homme, la
retraite de la brigade de gauche, aux ordres de l'adjudant-général Gautier, vainquit sur ce point tous les
obstacles. Nous eûmes, dans ces différens combats, des
compagnies à moitié détruites. Le soir, nos divisions
prirent position à la hauteur de Saint-André (1), et

---

(1) Pendant ce mouvement rétrograde, la 25ᵉ légère fut chargée avec
tant de vigueur, que toute son arrière-garde fut faite prisonnière de
guerre. Le chef de cette demi-brigade s'en apperçoit, rallie sa troupe,
et quoique dépassé par l'ennemi, le charge avec tant de rapidité et de
vigueur, qu'il lui reprend tous les hommes qu'il venait de perdre, et
lui fait à son tour plusieurs prisonniers. Cette journée coûta cependant
160 hommes à cette brave demi-brigade.

La 78ᵉ perdit aussi beaucoup de monde dans cette journée : le capitaine Cotillon, qui commandait cette demi-brigade, fut blessé deux
fois en combattant; le sergent Vetard, de la même demi-brigade, fut
également du nombre des braves qui se distinguèrent le plus.

La 3ᵉ de ligne, qui par la juste confiance que lui inspiraient et les
talens et la valeur de son chef, semblait sous ses ordres être familiarisée
avec les actes du dévouement le plus héroïque, répéta dans cette affaire
ce qu'elle avait fait trois jours auparavant. Cette demi-brigade tenait
encore le centre de notre ligne. L'attaque impétueuse de l'ennemi, cul-
buta de suite toute la droite : la gauche se battit admirablement, mais

conservèrent même Sestri toute la nuit (1), afin de faciliter la retraite des corps qui la soutenaient. Pendant cette marche nocturne, la 78e perdit quatorze hommes qui se précipitèrent dans des abîmes, et la même demi-brigade soutint sur la droite de Voltry, un combat que les Autrichiens lui livrèrent, éclairés par des flambeaux et par des torches.

Le citoyen Sibille, commandant des forces maritimes de l'armée, et qui, dans le moment où cette affaire s'engagea, exécutait avec sa flotille son mouvement sur Voltry, rentra dans Gênes.

Ce même jour fut marqué par la mort du général de division Marbot, officier justement estimé; il ne

---

fut de même obligée de ployer : le centre résistant seul, il est facile de sentir qu'il fut bientôt enveloppé. C'est alors que le chef de brigade Mouton, qui ne pouvait plus recevoir aucun ordre, jugea que l'honneur et le véritable intérêt de son corps lui faisaient un devoir de tenir jusqu'à la nuit ; ce parti qui facilitait la retraite de toute la division, fut pris et exécuté par lui. A la nuit bien fermée, il quitta sa position critique, et vers minuit opéra sa jonction avec la division ; mais obligé de marcher constamment à travers les chemins et les rochers les plus affreux, et n'ayant pu se frayer un passage qu'en livrant de terribles combats; il perdit dans ce mouvement 59 hommes, et le drapeau de son premier bataillon. Malgré cela, on peut établir que dans aucun des combats qu illustrent cette brillante campagne, la 3e de ligne n'a plus utilement et plus glorieusement servi, qu'à la retraite de Voltry.

(1) Dans une charge que quatre compagnies de la 106e firent dans Voltry, le chef de bataillon Dunesme se distingua en renouvellant à différentes reprises des traits d'une très-grande valeur.

put échapper aux ravages de l'épidémie dont il avait été atteint à Savone, et qui, désolant alors tous les pays occupés par cette malheureuse armée d'Italie, leur faisait de cette manière partager une partie de ses désastres (1).

Le lendemain 29, les troupes passèrent la Polcevera, après avoir employé la nuit à se rassembler. La 62ᵉ soutint dans cette retraite un combat assez vif, sous les ordres du chef de brigade Cassagne.

Pendant cette série d'opérations de guerre, les troupes, restées aux ordres du général Miolis, avaient soutenu presque journellement des combats, qui, par leurs résultats, nous furent à peu près tous favorables. Ceux qui peuvent être cités, sont ceux du 19, celui du 24, et celui du 27 germinal.

Ceux du 19, sur les hauteurs de Torriglia, où l'adjudant-général Hector, attaqué par une forte colonne ennemie, parvint, en l'enveloppant, à la battre, et à lui faire près de trois cents prisonniers; et à la Bochetta, où nous fûmes forcés, et où, en faisant un mal prodigieux à l'ennemi, la 5ᵉ légère perdit, par sa résistance, cent vingt-deux hommes, sur quatre cent vingt combattans. Celui du 24, en avant de Saint-Martin d'Albaro, et dans lequel, puissamment se-

---

(1) A dater de ce jour, le chef d'escadron Richer, premier aide-de-camp du général Marbot, fut employé auprès du Général en chef; cet officier servit pendant tout le blocus avec un dévouement, et un zèle, qui lui firent le plus grand honneur.

condé par le chef de brigade Brun, commandant la 8ᵉ légère, le général Darnaud fit plus de cent prisonniers à l'ennemi, après l'avoir complètement battu ; et (1) celui du 27, sur notre ligne, entre les forts du Diamant et de Richelieu, ligne que l'ennemi attaqua trois fois, et où trois fois il fut, malgré sa supériorité, repoussé par l'adjudant-général Ottavi (2), qui, en le poursuivant, parvint à lui enlever la position de Monte - Croce, où il lui prit plus de cinquante hommes.

Quant au général Miolis, que ses services honorables mettent si fort au - dessus de tout ce que l'on pourrait se permettre de dire à sa gloire, il employa entr'autres choses le tems de l'absence du Général en

_____

(1) Dans le commencement de cette affaire, le chef de brigade Brun, eut le bras droit traversé d'une balle. Malgré cette blessure, il resta toute la journée sur le champ de bataille ; il fit plus, il ne quitta pas un moment son corps pour se faire traiter. Parmi les braves que cette journée coûta encore à la même demi-brigade, nous citerons le chef de bataillon Moitié, blessé en chargeant à la tête des carabiniers, et qui à l'affaire du 15, s'était déjà distingué à Ruha d'une manière particulière.

(2) Dans le rapport de ses opérations, le général Miolis, en rendant compte de ses différentes affaires, depuis le 15 jusqu'au 30, donne les plus grands éloges aux généraux Darnaud, et Petitot, et à l'adjudant-général Ottavi ; il en donne de même au chef de brigade Brun, au chef de bataillon Dupellier, de la 106ᵉ, au chef d'escadron la Villette, au chef de bataillon Lacroix, au capitaine du génie Delmas, à son aide-de-camp, le capitaine Bernard, au citoyen Menard, sous - lieutenant à la 106ᵉ, et aux citoyens Dazzier, et Migy, sergens à la 24ᵉ.

chef à tout activer par sa présence, et par l'effet de ses mesures, à approvisionner les forts qui avaient été jugés les plus nécessaires à la défense des approches de Gênes, et à les faire mettre dans le meilleur état.

Dans cette circonstance si importante, de même que dans toutes les autres, l'adjudant-général Degiovani justifia entièrement la confiance à laquelle il devait le commandement de Gênes (1).

Le même jour 29, le général Miolis reçut ordre de serrer encore sa ligne, de se concentrer derrière la Sturla, et de lier sa défense avec le fort de l'Eperon, en gardant seulement le Monte-Venti, et en ne couvrant le fort de Richelieu que par des postes.

Dans cette situation, la droite de cette division, composée de la 8ᵉ légère, fut commandée par le général Darnaud ; et sa gauche, composée des 24ᵉ, et 78ᵉ de ligne, par le général Poinsot. Le même jour, le chef d'escadron Donnadieu prit, d'après les ordres

---

(1) Deux faits suffiront pour prouver comment la police de Gênes était faite ; combien le peuple y était contenu ; et qu'elle était la discipline des troupes. Le premier de ces faits, c'est que malgré les esprits de parti qui divisaient cette ville, et tous les moyens que sa grande population et sa misère offraient alors à l'audace des factieux, l'adjudant-général Dégiovani ne crut jamais avoir besoin de faire adopter la mesure des ôtages, que le gouvernement de Gênes, et le ministre de la police proposèrent à différentes reprises au Général en chef. La seconde, c'est que, malgré les souffrances des troupes de la garnison, il n'y eut pas une plainte de la part des habitans de Gênes, contre un soldat français.

du Général en chef, le commandement du fort de Richelieu, que la 63ᵉ de ligne fut chargée de défendre.

Le 30, tous les ouvrages de la place, et toutes les positions environnantes, furent visitées par le Général en chef, accompagné à cet effet du lieutenant-général Soult, du général Lamartillière, commandant en chef l'artillerie (1), et du chef de brigade Marès, commandant le génie. Toutes les réparations nécessaires aux forts furent ordonnées (2); les changemens à opérer dans le placement des pièces le furent de même : un systéme général de défense

---

(1) Toute l'armée a remarqué avec admiration et reconnaissance le zèle éclairé, l'activité toujours soutenue, et le dévouement vraiment respectable avec lesquels le général la Martillère, malgré son âge, a suffi, pendant ce long et pénible blocus, à tous les détails de son commandement. Il avait, à la vérité, le bonheur d'être secondé par le général de division Sugni; mais cette circonstance même ne l'empêcha pas de se porter en tout tems, et de nuit comme de jour, par-tout où sa présence pouvait être utile. Dans les attaques générales, ou pendant les heures du bombardement, il se tenait aux batteries du Levant, et le général Sugni à celles du Ponent.

(2) Il n'est pas douteux que dans l'état de dénuement où l'on était à Gênes, et relativement aux travaux que la défense de cette ville nécessita, les données ordinaires ne fussent insuffisantes dans leur application. Il fallait à chaque pas se créer des moyens d'exécution. Aussi doit-on à la justice de dire que le commandant Marès fit pendant cette époque si importante et si difficile, tout ce que les connaissances les plus étendues et des talens distingués pouvaient rendre possible au zèle le plus actif et le plus constant.

fut arrêté; et le corps d'armée de droite reçut une organisation nouvelle.

D'après cette refonte, il ne forma plus que deux divisions et une réserve; la première aux ordres du général Miolis; la seconde, aux ordres du général Gazan, et la réserve, aux ordres du général Poinsot.

La division du général Miolis, composée des 3e, et 8e légères, des 21e, 62e, 63e, 74e, 78e de ligne, était forte de quatre mille cinq cents combattans, et occupa tout le Levant depuis la mer, jusqu'à la position des Deux - Frères, ainsi que nous venons de le détailler.

La division Gazan, composée des 5e, et 25e légères, des 41e, 55e, 92e, 97e, et 106e de ligne, était forte de trois mille cinq cents hommes, et occupa tout le Ponent, c'est-à-dire, Saint-Pierre d'Arena, la rive gauche de la Polcevera, jusqu'à Rivarolo, liant sa droite avec les postes avancés des Deux-Frères.

La réserve, composée des 2e, et 3e de ligne, forte de seize cents hommes, fut placée à Gênes (1).

Il est sans doute inutile de dire que les compagnies de grenadiers, et de carabiniers, qui pendant l'expédition avaient été détachées de leurs corps, y rentrèrent au moment de cette réorganisation.

---

(1) On voit, par la force de ces trois corps, qu'en quinze jours de combat, l'armée avait perdu plus d'un tiers des braves qui la composaient.

Premier et 2 Floréal.

Quelque brillante qu'ait été l'offensive, que pendant quinze jours le général Massena avait soutenue, elle n'avait pu cependant lui laisser de doute sur la certitude qu'abandonné à ses propres forces, il n'avait, avec des troupes qui, à raison de leur état, et de leur nombre, venaient de faire les plus grands efforts, rien à espérer par la force des armes, contre un ennemi qui, outre d'autres avantages incalculables, était cinq fois plus nombreux que lui (1), et venait d'obtenir sur le général Suchet un avantage qui avait momentanément forcé ce général à un mouvement rétrograde (2). Il s'attacha donc à se fortifier dans ses positions, à faire continuer la recherche des moyens de subsistance qui pouvaient se trouver à Gênes, et à établir la plus grande économie possible dans l'emploi de ceux existans. Pour le premier de ces objets,

(1) Un Major autrichien, pris dans les premières affaires, nous dit... *Si nous n'étions que deux fois plus nombreux que vous, nous serions perdus ; mais notre masse vous écrasera.*

(2) Sans cette nouvelle, que le Général en chef reçut le 1er floréal, il partait de Gênes dans la journée avec l'élite de ce qui lui restait, et tâchait en se serrant en masse de rejoindre, au moyen d'une trouée, le centre de l'armée, et ainsi réunis, de remarcher sur Gênes, qu'il voulait toujours sauver.

Tous les ordres pour ce mouvement avaient été donnés : la nouvelle de la retraite du général Suchet en arrêta l'exécution.

il appela toute la garde nationale au maintien du bon
ordre, et à la défense de la ville; chaque canonnier
bourgeois eut sa place marquée dans une des batteries; chaque bataillon son service réglé, et ses places
d'allarme déterminées : il fit de plus former en légion
un grand nombre de réfugiés italiens qui étaient à
Génes, et auxquels se joignirent volontairement
quelques centaines de Polonais, qui se trouvèrent
parmi les prisonniers faits à l'ennemi.

Le commandement de cette légion, que l'adjudant-
général Gautier avait organisée, fut confié au chef de
bataillon Rossignol.

Ces mesures mirent le Général en chef à même
d'avoir presque toutes ses forces disponibles contre
l'armée autrichienne.

Pour le second objet, il fit par tous les moyens
acheter tout ce que l'on put trouver de grains; et de
plus il écrivit en Corse, il écrivit au général Suchet,
il écrivit à Marseille. Il activa outre cela les recherches
relatives aux subsistances, et se fit remettre l'état de
tous les chevaux existans dans Génes.

Pour le troisième, il établit une surveillance très-
sévère sur la manutention du pain, et sur les distributions.

Excepté la reprise du Monte-Rati, par le premier
bataillon de la 78e de ligne, ces deux jours se passèrent sans évènemens remarquables sous les rapports
de la guerre; mais ils n'en furent pas moins active-

ment employés par le Général en chef. Une des opérations essentielles de ces journées, fut de centraliser
le gouvernement, afin d'accélérer encore la marche
des affaires, et d'assurer la prompte exécution de
toutes les mesures arrêtées. A cet effet, le Général en
chef fit nommer, dans le sein même du Gouvernement, une députation, ou commission spéciale, qui
siégea chez lui, et qu'il présidait lui-même ; mais
comme il sentit qu'il fallait toujours laisser aux Liguriens l'exercice du pouvoir, et ne pas leur enlever
l'autorité nationale ; le Gouvernement resta chargé
de la sanction des arrêtés pris par cette commission.

C'est à ce moment que le général Massena commença à recueillir une partie du fruit de toute sa conduite politique, militaire, et administrative, depuis
son arrivée à Génes. La manière dont chacune de ses
actions avaient été caractérisée, ce qu'il avait fait,
et, autant que tout cela, ce qu'il avait cherché à faire ;
l'expédition éternellement glorieuse qu'il terminait,
tout en un mot l'avait tellement entouré de l'estime et
de l'admiration générale, qu'il se trouvait, par l'effet
de l'opinion, une force morale qui le mettait en état
d'exécuter, pour le salut de Génes et celui de l'armée, tout ce qui était humainement possible : aussi
son influence, pendant les soixante jours du blocus,
fut telle, qu'elle s'étendit à tout, et suppléa à tout :
Elle valut à l'armée une force double de celle qui
résultait du nombre de ses soldats ; elle fit découvrir

ou livrer tout ce qui existait en commestibles; elle
donna, à une population aussi nombreuse, et qui
après tout ne pouvoit voir en nous que des étrangers,
une patience qui n'a jamais eu d'exemple, et que
peut-être on eût vainement attendue de beaucoup
de villes de France; et elle fit supporter aux troupes
les fatigues, la mauvaise nourriture, la misère, et
tous les fléaux qui les accompagnent.

L'on peut dire de lui qu'il se multiplia; qu'il
multiplia tout autour de lui; et que, dans le nombre
des problémes que ce blocus laisse à résoudre, on
remarquera sur-tout celui de savoir comment, dans
un pays où avant le blocus il n'y avait pas de vivres
pour trois jours, il en trouva ensuite, et pendant le
blocus le plus rigoureux, pour soixante; de même
qu'il retrouva des guerriers, et des héros dans des
soldats qui semblaient ne plus pouvoir supporter une
marche.

L'homme ordinaire admirera ces résultats sans les
comprendre; l'homme borné voudra douter de ce qu'il
ne pourra concevoir: mais l'homme pensant et judi-
cieux reconnaîtra dans ces faits, les effets sublimes
des grandes mesures, et des grands exemples.

D'après l'avis que l'ennemi préparait une escalade,
le Général en chef fit rassembler toutes les grenades
qui existaient dans les arsenaux de Génes, et ordonna
que dès le jour même, les soldats employés à la
défense

défense des ouvrages et des forts, fussent exercés à
en faire usage.

Quelques désordres commis par nos troupes donnèrent, à cette époque, lieu à l'adresse suivante :

« SOLDATS,

» L'on m'a déjà porté plusieurs fois des plaintes
» relativement à des voies de fait, et à des pillages
» exercés par quelques-uns d'entre vous : ces excès
» viennent de se renouveller très-récemment à Bisagno
» et à Casteletto.

» Ils sont bien criminels, les militaires qui s'aban-
» donnent à une conduite aussi atroce, et qui aggra-
» vent de cette manière, les maux que la guerre fait
» déjà si cruellement peser sur les habitans de la
» Ligurie.

» Au surplus, songez que c'est une obligation
» pour moi de punir et de protégér, et croyez que je
» la remplirai toute entière.

» Je protégerai les citoyens, et je ferai respecter
» leurs personnes, et leurs propriétés.

» Je punirai les coupables; et dès ce moment
» j'ordonne que tous les effets volés soient restitués ;
» que les auteurs des vols soient arrêtés, et traduits à
» une commission militaire ; que les officiers comman-
» dant les compagnies cantonnées dans les villages,
» soient mis aux arréts forcés, et qu'ils soient desti-

9

» tués, si dans les vingt-quatre heures ils n'ont trouvé
» et désigné les coupables.

» Soldats, dont la carrière militaire se compose de
» bravoure, de privations, de vertus, ce n'est point
» à vous à qui je m'adresse ; et vous êtes le plus
» grand nombre. Je ne désigne ici que quelques mal-
» faiteurs, qui veulent déshonorer nos armes, et qui
» servent les vues de l'ennemi ».

3, 4, 5, 6 *Floréal.*

Le 3 floréal, l'ennemi tenta l'enlèvement des
troupes chargées de la défense de Saint-Pierre d'Arena.

Son plan, ingénieusement conçu, fut exécuté avec
audace ; mais la valeur française, et la présence
d'esprit d'un seul homme, firent tourner cette entreprise à la gloire de nos armes.

A trois heures du matin, une grande heure avant
le jour, l'ennemi fit passer la Polcevera à tout le régiment de Nadasti. Il fila entre Saint-Pierre d'Arena et
Rivarolo, coupa, par ce mouvement, la 5ᵉ légère, qui
tenait ce dernier poste, et le sépara des 3ᵉ et 25ᵉ légères, qui occupaient le premier, arriva par les jardins à
Saint-Pierre d'Arena, força les gardes qui se trouvaient
sur sa route, surprit le premier bataillon de la 3ᵉ, et
les premier et troisième bataillons de la 25ᵉ légère, et
les rejeta sur les hauteurs et sur la Lanterne, et profita de ce moment d'avantage pour prendre à revers le
deuxième bataillon de la 25ᵉ qui était en position sur

la Marine. Le colonel Nadasti, et l'un des aides-de-camp de M. de Mélas, avaient déjà fait trois officiers de ce bataillon prisonniers, lorsque le général Cassagne, avec les premier et troisième bataillons de la 25ᵉ légère, chargea. Le colonel Nadasti, déconcerté par ce mouvement, demanda au capitaine Chodron, de la 25ᵉ (l'un de ses prisonniers), le chemin le plus court pour regagner le pont de Cornegliano. Celui-ci, par une ruse que sa présence d'esprit lui suggéra, lui indiqua un chemin au travers d'un jardin. Ce colonel s'y jeta, quatre cent cinquante hommes de son régimes l'y suivirent : à peine y furent-ils entrés, que les citoyens Mougenot capitaine, Henriou lieutenant, Gautheret sous-lieutenant, et Boulogne chasseur de la même demi-brigade, s'emparèrent de la porte, et crièrent : *bas les armes*. Le capitaine Chodron, changeant de rôle, leur dit aussi-tôt : *Messieurs, c'est vous maintenant qui êtes mes prisonniers* (1).

L'ennemi laissa soixante morts dans Saint - Pierre

_____

(1) Ce capitaine Chodron avait été déshabillé par les Autrichiens. Au moment où ils se virent pris à leur tour, les officiers de Nadasti, qui ne s'étaient point opposés à la manière avec laquelle il avait été traité, lui offrirent leurs montres, pour qu'il les fît respecter. *Gardez vos bijoux,* répondit ce capitaine ; *je n'en ai pas besoin pour faire pour vous ce que vous n'avez pas su faire pour moi.* L'un de ces officier répliqua... *Nous avions perdu la tête.... La tête !* répliqua le capitaine : *on n'est pas fait pour être officier, quand on peut perdre la tête autrement que par un boulet de canon.*

d'Arena ; nous perdîmes quarante hommes pris, et trente-cinq blessés ou tués.

Le chef de brigade Godinot, commandant la 25ᵉ légere, s'étant trop avancé pour reconnaître l'ennemi, fut pris dès le commencement de l'affaire. Il fut échangé le sur-lendemain contre le colonel du régiment de Nadasti.

Cette attaque de Saint-Pierre d'Arena fut combinée avec une autre que l'ennemi fit faire dans le même moment par un bataillon des chasseurs d'Aspres, sur la position des Deux-Frères, que défendait la 97ᵉ de ligne, et d'où, après une heure de combat, il fut repoussé avec perte.

Le même jour, le général Miolis fit faire de fortes reconnaissances dans le Bisagno, et en avant de la Sturla. Ces reconnaissances avaient pour but de suivre différens mouvemens faits de ces côtés par l'ennemi ; elles donnèrent lieu à des combats très-vifs, et coûtèrent quelques braves.

Le 4, le Général en chef, fortement pressé de faire connaître sa position au premier Consul, profita d'une nuit sombre pour lui dépêcher le chef d'escadron Franceschi, aide-de-camp du général Soult, officier qui s'était couvert d'honneur dans les dernières affaires, et qui, à l'entrée de la nuit, partit dans une nacelle (1), pour remplir cette mission.

_____

(1) Toutes les fois que le tems le permettait, le Général en chef expé-

Un réglement que le Général en chef fit publier, eut pour but de déterminer tout ce qui tenait à la police de la place (*J*).

Dans la matinée, un parlementaire Anglais était entré dans le port de Génes, apportant au général Massena une sommation rédigée dans la forme la plus honorable. Le Général en chef y répondit en déclarant qu'il défendrait la ville jusqu'à la dernière extrémité ; et fit connaître le tout aux habitans de Génes par une proclamation.

Le 5 , le général Massena, sur la demande des généraux Spital , Gazan , et Soult, destitua un officier supérieur, pour s'être permis devant sa troupe, quelques propos de nature à la décourager. Il crut aussi devoir le même jour ranimer par les nouvelles suivantes, l'esprit public de Génes.

Massena , général en chef , aux habitans de la ville de Génes.

« Le général Oudinot , chef de l'état-major-géné-» ral , est arrivé près du général Suchet.

» Il est faux que le général Suchet ait été battu ; il

---

diait des officiers au premier Consul ou au général Suchet. Beaucoup d'entr'eux furent pris : de ce nombre sont le chef d'escadron Drouin, le chef de bataillon Lambert , etc. Par son intrépidité , et par son intelligence , ce premier étoit différentes fois parvenu à braver ou à tromper les vaisseaux qui formoient le blocus de Genes ; et principalement dans une mission difficile et importante , dont il fut chargé pour la Corse , et qu'il remplit parfaitement.

» a repoussé l'ennemi, et au lieu d'avoir perdu mille
» hommes à la dernière affaire, il a fait trois cents pri-
» sonniers ; il a reçu, et reçoit des renforts de France.

» Les armées du Rhin et de Réserve devaient se
» mettre en mouvement du 10 au 20 germinal ; celle
» du Rhin est forte de cent cinquante mille hommes ;
» celle de Réserve de soixante-dix mille hommes. L'ar-
» mée de Réserve entre en Italie par la vallée d'Aost.

» Le Mont-Cenis est repris par nos troupes.

» La forteresse de Savonne est approvisionnée pour
» un mois.

» Le général Carnot est ministre de la guerre ; le
» général Berthier commande l'armée de Réserve.

» L'ennemi a voulu la guerre ; les armées Françaises
» ouvrent la campagne avec un développement de
» forces imposantes, et tel qu'il doit, par la victoire,
» le forcer d'accepter la Paix.

» Habitans de la ville de Gênes ! l'armée d'Italie,
» ferme dans la résolution de vous défendre, voit ap-
» procher l'époque de votre délivrance : persévérez
» avec elle, et avant quinze jours l'ennemi aura évacué
» la Ligurie ».

Le 6 floréal se passa sans offrir aucun fait militaire qui mérite la peine d'être rapporté.

On conçoit néanmoins que, de notre côté, le desir
de connaître la position et les mouvemens de l'ennemi,
nous faisait faire de continuelles reconnaissances ; et
que, de son côté, l'ennemi qui était intéressé à tout

nous cacher, et à retrécir le cercle de notre ligne, s'opposait par - tout à leur marche. Il résultait donc inévitablement de - là des escarmouches très-fréquentes, mais dont le détail aurait d'autant moins d'intérêt, qu'elles n'eurent aucune influence directe ni indirecte sur le sort de Génes ou des armées respectives.

Ce même jour 6 , le réglement de police, arrêté le 4 , fut suivi de différens ordres relatifs à des mesures de défense en cas d'attaques nocturnes.

7 , 8 , et 9 *Floréal.*

Depuis plusieurs jours , le général Massena savait, par le contenu des dépêches qu'il avait reçu, le mouvement de l'armée de Réserve. Différens rapports annonçaient des marches et contre - marches de la part de l'ennemi. Tout cela détermina le Général en chef à ordonner le 7 une reconnaissance forcée sur la position de l'ennemi, au-dessus de Cornegliano. Le général de brigade Cassagne , en conséquence des dispositions arrêtées à cet égard, passa entre Saint-Pierre , et Rivarolo, la Polcevera avec les premier et second bataillons de la 3e légère : il fit d'abord reployer devant lui tous les avant-postes autrichiens ; mais arrivé aux positions de l'ennemi, ce dernier, en montrant des forces considérables, démasqua par son feu plus de quinze pièces de canons qui, dans tous les sens, battaient la rivière, et les routes qui y conduisent ou qui en partent. Lorsque le Général en chef eut vu ce qu'il desirait sur les forces, et les moyens de défense de l'ennemi, il fit replier le général Cassagne, qui dans son mouvement avait été secondé par une fausse attaque que le second bataillon de la 25ᵉ légère avait faite vers l'embouchure de la Polcevera, sous les ordres de son chef de brigade Godinot.

La connaissance de quelques faits particuliers, et les rapports de déserteurs autrichiens déterminèrent le général Massena à faire un appel à tous les Français, Italiens, et Polonais qui se trouvaient dans l'armée austro-sarde. La proclamation qui eut cet objet pour but, fut en conséquence traduite en allemand et en italien, imprimée par colonnes dans les trois langues, et répandue dans l'armée ennemie avec profusion, et par tous les moyens possibles, sur-tout par les espions, les prisonniers qu'on rendait, etc.

Les 8, et 9 il n'y eut rien de nouveau. Ce calme était celui qui précède les grands orages.

10 *Floréal.*

Le 10 floréal, à deux heures du matin, il s'engage une vive fusillade aux avant-postes de la position des Deux-Frères. Vers trois heures, le feu se ralentit dans cette partie. Avant quatre heures, notre ligne du Ponent est attaquée (1); l'action y com-

(1) Par ces dispositions et la conduite des attaques de cette journée,

mence par une vive canonnade qui part de toutes les
batteries de la Coronata, et de six chaloupes canonnières qui prennent en flanc les retranchemens de
la marine, que défendait le deuxième bataillon de la
25ᵉ légère, à la tête du village de Saint - Pierre
d'Arena.

A cinq heures, les avant - postes de la 5ᵉ légère
sont obligés de se replier sur Rivarolo. L'ennemi
charge trois fois, mais toujours inutilement, les retranchemens que les carabiniers de cette demi-brigade
défendaient à l'entrée de ce village.

A six heures, l'ennemi se présente à - la - fois sur
toute notre ligne du Levant : par-tout il déploie des
colonnes d'attaque soutenues par de nombreuses réserves. Il nous force sur plusieurs points, et en faisant descendre du Monte-Faccio des forces très-consi-
dérables, nous enlève le Monte-Rati, bloque le fort

M. le général Otto rendit hommage à son prédécesseur, M. de Schulembourg, qui, le 13 juin 1746, et avec des forces égales, attaqua de la
même manière les troupes qui, sous les ordres de M. de Boufflers, défendaient Gênes.

Mais ce n'est pas la seule remarque que le rapprochement de ces deux
journées fera faire à ceux qui les compareront. Le militaire observateur
y verra, en suivant les détails qu'elles présentent, combien la manière
actuelle de faire la guerre l'emporte sous les rapports de l'acharnement
dans le combat, de la durée de l'action, de la complication des opérations, et de leur rapidité, sur celle dont respectivement on faisait usage
alors. En 1800, les Autrichiens firent en une matinée ce qu'en 1746 ils
devaient exécuter en deux jours. En 1800, le général Massena fit en
trois heures ce qui devait en coûter quarante-huit à M. de Boufflers.

de Richelieu, et s'empare du fort de Quezzi, dont la construction n'était que commencée, et en avant duquel il prend position. Il tente l'enlèvement de la Madona-del-Monte; mais le chef de brigade Vouillemont manœuvre avec tant d'habileté, que malgré le petit nombre de ses troupes, il conserve sa position.

Dans le même tems, l'ennemi presse vivement Saint-Martin d'Abaro. Parvenu dans les premières maisons du village, il soutient par un feu terrible de croisée, celui de ses tirailleurs, qui arrivent sous le plateau. Nos troupes s'ébranlent : déjà les ordres du général Darnaud ne sont plus entendus, et sa bravoure éclairée n'offre plus qu'un exemple inutile, lorsque le Général en chef qui, parcourant toujours tous les points de sa ligne, ne peut jamais se faire attendre là où sa présence est nécessaire, et qui souvent semble s'y porter par inspiration, arrive accompagné de l'adjudant-général Thiébault, et de quelques autres officiers, qu'il charge aussi-tôt de se joindre au général Darnaud, pour arrêter un tiraillement qui devenait général, et qui, chez nos troupes, est toujours un présage de retraite; pour faire rentrer les hommes détachés dans leurs compagnies respectives; pour renforcer les réserves en diminuant le nombre des éclaireurs; et pour faire prendre à quelques corps une position plus resserrée. Ces mesures rétablissent l'affaire au point que l'ennemi qui avançait sous le feu le plus nourri, et à la vue de beaucoup de troupes, s'arrête à l'instant où il cesse (1), et ne tarde pas à se resserrer lui-même, du moment où il voit moins de monde.

Vers neuf heures du matin, à la faveur d'une attaque extrêmement vive, et tout-à-fait inattendue, l'ennemi nous enlève la position importante des Deux-Frères (2), d'où il bloque le fort Diamant, qu'il somme quatre fois de se rendre (3), et d'où il commande les ouvrages de l'Eperon.

A-peu-près à la même heure, quatre cents Autri-

---

(1) Deux causes peuvent avoir produit cet effet ; la première est que le rétablissement de l'ordre parmi nos troupes, multipliait les obstacles pour l'ennemi ; la seconde est qu'il pouvait croire que nous nous préparions à charger.

(2) Après avoir donné à différentes reprises l'exemple du plus grand courage, le chef de bataillon Frossaro, commandant la 97e, a été tué à cette attaque, en chargeant l'ennemi à la tête de ses grenadiers.

(3) Les deux premières sommations furent faites le matin par le comte de Palfy, et les deux dernières par le comte de Hohenzollern, dans l'après-midi. La fermeté du commandant Bertrand, et la confiance que ne pouvait manquer de lui donner la valeur si souvent éprouvée de la 41e de ligne, qui composait la garnison de ce fort, rendirent toutes ces sommations inutiles.

Nous ne rapporterons ici que la dernière sommation, et la réponse qui y fut faite.

COPIE de la sommation réitérée, faite par le lieutenant - général comte de Hohenzollern, au commandant du fort du Diamant.

« Je vous somme, commandant, de rendre votre fort dans l'instant ;
» sans cela, tout est prêt, je vous prends d'assaut, et vous passe

chiens, passant la Polcevera à la droite de Saint-Pierre, rejettent sur les hauteurs le premier bataillon de la 3e légère qui tenait cette position, et, soutenus par le feu de toute la ligne, pénètrent dans ce village jusqu'à la croisée des chemins. Le chef de brigade Godinot les charge à la tête du troisième bataillon de la 25e légère, leur tue plusieurs hommes, leur fait vingt prisonniers, et les force à repasser rapidement la rivière (1).

Enfin la 24e de ligne, qui occupait le revers de la montagne qui verse du fort de l'Eperon dans le Bisagno,

---

» au fil de l'épée. Vous pouvez encore obtenir une capitulation » honorable ».

LE COMTE DE HOHENZOLLERN,
Devant le Diamant, à 4 heures du soir.

Réponse du Commandant du Fort.

« M. le général, l'honneur, le bien le plus cher aux vrais soldats, » défend trop impérieusement à la brave garnison que je commande, » de rendre le fort dont le commandement m'est confié, pour qu'elle » puisse consentir à se rendre sur une simple sommation ; et j'ai assez » à cœur, monsieur le général, de mériter votre estime, pour vous » déclarer que la force seule, et l'impossibilité de tenir plus long-tems, » pourront me déterminer à capituler. *Signé* BERTRAND ».

(1) Les rapports des officiers pris dans cette journée, se sont accordés à porter à 25,000 hommes les forces que l'ennemi employa contre nous au nord et dans le levant, et à douze ou quinze bataillons celles qu'il avait dans le ponent. En effet, comment eut-il pu suffire sans cela à des attaques si multipliées, dans un pays sur-tout où il était difficile qu'une colonne agît sur plus d'un point ?

soutint pendant plus de deux heures, et avec un avantage décidé, les efforts d'un ennemi très-supérieur,
et finit même en lui enlevant le pont de Carega, par
lui faire cinquante prisonniers.

Pendant ces opérations qui prirent une partie de la
matinée, et durant lesquelles, malgré la pluie la plus
abondante, le feu ne fut interrompu sur aucun
point, la flotte combinée rasait les côtes, et tirait,
afin d'exciter le peuple à la révolte ; mais tout était
contenu par la force et la sagesse des mesures
prises.

Aux premiers coups de canon, le général Massena
s'était porté à la Lanterne, pour observer les mouvemens de l'ennemi dans le Ponent. En un moment, il
avait jugé que l'ennemi ne pouvait rien espérer de ce
côté ; et en conséquence il s'étoit rendu dans le Levant, où Génes présente à-la-fois beaucoup plus
d'étendue, et beaucoup moins de défense, et qu'il
jugea devoir être le point de la véritable attaque de
l'ennemi.

Aussi, vers deux heures après-midi, lorsqu'à travers tant d'attaques successives et différentes, de tant
de mouvemens divers, le Général en chef se fut assuré
que le but de l'ennemi était de conserver la position
des Deux-Frères, et d'enlever celle de la Madona-del-
Monte, d'où il nous forçait d'évacuer Albaro, et d'où
seulement on peut bombarder Génes, il résolut de
profiter de ses réserves qui n'avaient point encore

donné, et de la sécurité que notre retraite et le tems affreux qu'il faisait, devaient donner à l'ennemi, pour l'attaquer à son tour, reprendre, s'il était possible, ses premières positions, et faire ainsi tourner contre l'ennemi ses propres entreprises. Cette résolution était audacieuse dans la situation des choses ; mais que seroit la guerre sans l'audace ?

D'après ce plan, le général Soult fut chargé de l'attaque des Deux-Frères, et reçut à cet effet les 73e, et 106e, ainsi que le troisième bataillon de la 2e de ligne. Le Général en chef continua à diriger les opérations de la première division, commandée par le général Miolis, et la renforça, pour l'exécution de ses desseins, des deux premiers bataillons de la 2e et de la 3e de ligne.

Mais afin de ne rien avanturer, et avant de mettre ses réserves en mouvement, et de se porter ainsi sur le centre de l'ennemi, il jugea devoir en affaiblir la gauche, et pour cela il fit donner au général Darnaud l'ordre de ne laisser qu'un cordon devant l'ennemi, de forcer sa gauche, et de se porter rapidement sur ses derrières, afin de le battre, et de lui enlever une partie des troupes qui avaient formé l'attaque de Saint-Martin, et passé la Sturla près de la Marine, où l'adjudant-général Ottavi se trouvait avec le troisième bataillon de la 62e de ligne, et quelques compagnies des 8e légère, et 74e de ligne.

Ce mouvement, que le général Darnaud exécuta

avec autant de précision que de vigueur, lui fit infiniment d'honneur, et lui livra quatre cents prisonniers (1).

Cette opération assurait la droite des corps que
nous pouvions faire avancer à la gauche d'Albaro. Il
était alors près de trois heures du soir, et c'est à ce
moment que le général Poinsot fut chargé de reprendre
le fort de Quezzi, avec les premier et deuxième batail-
lons de la 3e de ligne, pendant qu'à la tête de la 78^e
de ligne, l'adjudant-général Hector tournerait le
Monte-Rati, en suivant la crête qui lie la Madona-
del-Monte au fort Richelieu.

Ce dernier mouvement, nécessairement très-lent,
ne put suffisamment seconder le premier, dans lequel
nos troupes furent vivement repoussées, et dans
lequel le chef de brigade Mouton, commandant la 3^e
de ligne (2), et le chef de bataillon Chanu, du même
corps, furent grièvement blessés.

Cette résistance opiniâtre de la part de l'ennemi

_____

(1) Le capitaine Mathivet, de la 62e de ligne, adjoint à l'adjudant-
général Thiébault, se trouvant, avec les citoyens Vaille, capitaine, et
Drapier, sergent-major au même corps, avoir par l'effet de leur courage, devancé leurs camarades, tombèrent seuls au milieu de quatre-
vingt Autrichiens, commandés par quatre officiers. Ils étaient perdus ;
mais la présence d'esprit du capitaine Mathivet les sauva : elle fut telle,
qu'il parvint à persuader aux ennemis qu'ils étaient enveloppés, à leur
faire mettre bas les armes, et à les ramener prisonniers de guerre.

(2) L'armée doit aux soins vraiment maternels de madame Brignole,

achève de justifier cette entreprise aux yeux du Général en chef : et quoiqu'il ne lui reste plus que deux
bataillons de la 2.ᵉ de ligne, il ordonne au général
Miolis de se mettre à la téte du premier, et de se diriger sur le flanc droit de l'ennemi, et à l'adjudant-
général Thiébault de se porter à la téte des quatre
premières compagnies du second bataillon, et au pas
de charge sur son flanc gauche, pendant que les deux
bataillons de la 3.ᵉ, après avoir été ralliés par le général Poinsot, soutenait au centre, et dans une position
favorable, le choc redoublé des ennemis.

Le mouvement de l'adjudant - général Thiébault
qui était le plus direct, et celui qui coupait la retraite
à l'ennemi, s'il avait pu s'exécuter vivement, donna
lieu au combat le plus acharné sur ce point : l'ennemi
se défendit en désespéré ; attaqué trois fois, trois fois
il repoussa cette petite colonne. Trop près pour faire
usage des armes à feu, le combat continua à coups
de crosses et de pierres. Dans la seconde charge, le
citoyen Diey, adjoint à l'état-major-général, fut tué :
peu après, le capitaine adjoint Marceau fut blessé ;
mais bientôt, profitant de la supériorité du nombre,
l'ennemi enveloppa cette colonne.

---

chez laquelle le commandant Mouton était logé, d'avoir conservé en lui
un des officiers du mérite le plus rare.

Que cette note serve à consacrer à cet égard la reconnaissance de tous
ceux qui savent apprécier la vertu, et s'intéresser au sort des braves.

C'est

C'est alors que le Général en chef fit avancer les quatre dernières compagnies du second bataillon de la 2ᵉ de ligne, qui étaient tout ce qui lui restait de troupes en réserve (1). L'adjudant-général Andrieux fut chargé de conduire ce demi-bataillon, et le général Massena lui-même, à travers les pierres, et le feu le plus meurtrier, suivi de ses officiers, marcha à la tête de ces troupes, jusqu'à ce qu'il eût opéré leur jonction avec la colonne à la tête de laquelle Thiébault combattait encore. Ce renfort décida la victoire, et deux cents prisonniers en furent le résultat.

Les adjudans-généraux Thiébault, et Andrieux continuèrent à poursuivre l'ennemi (2), et effectuèrent en avant du fort de Quezzi (3) leur jonction avec les

(1) En ce moment l'adjudant-général Dégiovani n'avait que quatre-vingts Français dans Gênes pour le service de la place et du port.

(2) Le chef d'escadron Hervo mérite d'être cité dans cette occasion, par la manière dont il se conduisit. Il est impossible de ne pas nommer ici le chef d'escadron Martigue, qui se distingua par-tout par son intrépidité, et par la manière dont il la fit partager aux troupes. Il serait de même injuste de ne pas parler du citoyen James, sous-lieutenant de la 2ᵉ de bataille, qui, par son audace, se couvrit aussi de gloire dans cette affaire, après laquelle il fut fait lieutenant.

(3) Ce point de Quezzi avait été désigné pour la construction d'un fort; le tracé en était fait, et l'exécution commencée. Il y avait déjà des parties de revêtement de quarante pieds de haut, d'autres plus basses, mais sans remparts en terre, et sans parapets. Trois grandes ouvertures dans les parties mortes, et très-accessibles, éloignaient toute idée de rétablir ce fort, et ni les Autrichiens, ni les Français n'avaient encore songé à en tirer aucun parti pour la défense de la position.

troupes du général de division Miolis (1), qui de son côté avait culbuté tout ce qui s'était trouvé sur son passage , et avait fait trois cents cinquante prisonniers.

Sur la droite , l'adjudant-général Hector, secondé par une sortie faite à propos par la garnison du fort de Richelieu , et par la charge que sur son front le général Miolis fit exécuter au général Poinsot, et à l'adjudant-général Andrieux , et au moyen de laquelle ils enlevèrent à l'ennemi ses deux dernières redoutes sur le Monte-Rati, fit mettre bas les armes à un bataillon ennemi de quatre cent cinquante hommes qui se trouva sans retraite , et qui fut pris avec son drapeau. On s'empara dans la même soirée de sept ou huit cents échelles destinées à l'escalade de Gênes et de ses forts , et faites de manière à ce qu'on pût y monter jusqu'à trois hommes de front. Ces échelles furent, pendant la nuit, brûlées par nos troupes.

De son côté , l'adjudant-général Gautier qui , avec très-peu de monde , occupait une forte colonne ennemie sur la rive gauche du Bisagno , lui fit soixante prisonniers, et l'empécha de prendre les troupes du général Miolis à revers.

Enfin , sur tout le front de la première division , l'ennemi se trouva vers cinq heures du soir battu et mis en pleine déroute (2).

---

(1) Le général Miolis se loue beaucoup de la conduite du chef de bataillon Manhin , et du capitaine Margeri , de la 2e.

(2) Dans son rapport sur les affaires de cette journée , le capitaine

Trop habile pour ne pas profiter de l'effet que la vue de ces avantages avait produit sur ses troupes , le général Soult, placé de manière à planer sur les points de ces différens combats , saisit cet instant pour ordonner l'attaque des Deux-Frères, position terrible, où M. le général Hohenzollern avait rassemblé de grandes forces, et où, malgré les difficultés du terrain , il avait déjà fait porter à bras deux pièces de canon ; tant il sentait l'importance de la conserver.

Le général de brigade Spital fut chargé d'enlever cette position , qui fut vigoureusement défendue ; mais les talens et la valeur de ce général firent surmonter tous les obstacles ; et par l'effet de son exemple, l'ardeur des attaquans s'étant toujours accrue à raison de la résistance, rien ne put ralentir leur mouvement. La 106e se conduisit dans cette affaire avec sa bravoure accoutumée. Au nombre de ses blessés , l'armée vit avec douleur le chef de bataillon Dunesme , qui la commandait. Cent cinquante hommes formant les débris de la 73e de ligne , commandés par le chef de bataillon Coutard , officier d'une grande distinction, arrivèrent les premiers, et sans avoir tiré un seul coup de fusil, au haut de la position d'où l'ennemi fut chassé, et où il laissa,

Deysavier , commandant alors la 63e de ligne , rend un compte infiniment avantageux de la conduite des lieutenans Ville, Abel, et Galand, et du sous-lieutenant Nogier.

avec une centaine de prisonniers, ses deux canons, qui de suite furent employés contre lui (1).

La terre resta jonchée de ses morts, dans le nombre desquels se trouva le colonel de Colloredo.

Les citoyens Fantucci, adjudant-général cisalpin, et Legrand, chef de bataillon du génie, au service de la république Romaine, se firent remarquer dans affaire par leur conduite (2).

Ainsi se termina cette journée, la plus brillante du blocus ; journée qui coûta à l'ennemi plus de quatre mille hommes, dans le nombre desquels il y

---

(1) En abandonnant les Deux-Frères, les Autrichiens sortirent leurs deux canons de leurs encastremens, et les firent rouler dans les fonds qui avoisinaient la batterie. Des grenadiers de la 73ᵉ s'en apperçurent, et les reportèrent au haut de la montagne avec une rapidité telle, qu'avant que les ennemis fussent hors de portée, on eut le tems de s'en servir contre eux-mêmes.

(2) Jaloux de jeter le plus grand jour sur les faits historiques qui illustrèrent dans cette journée les armes françaises, nous nommerons encore :

Guillaume, sergent-major de carabiniers à la 8ᵉ légère.

Les citoyens de Flandre, et Vérove, lieutenans à la 78ᵉ, qui, secondés par deux soldats seulement, firent mettre bas les armes à cent Autrichiens.

Cousin, et Delonne, sergens-majors au même corps, et qui, quoique blessés, restèrent au feu.

Chatelain, fusilier, qui s'empara du drapeau.

Et enfin le capitaine Robillard, le fourrier Ricasse, Abonelle, tambour; Lemasson, fusilier, qui se distinguèrent de même par des prodiges de valeur.

en eut seize cents de pris (K), et qui le vit successivement attaquant, et attaqué, vainqueur, et vaincu.

Cette journée, que la fortune sembla partager
entre les combattans, et dans laquelle la victoire fut
toujours pour celui qui prit l'offensive, sera éternellement glorieuse pour le général Massena, aux yeux
de tous les hommes en état de juger les opérations de
la guerre.

Mais si elle fut belle sous les rapports militaires,
combien ne fut-elle pas importante, relativement à
l'esprit public des Génois, qui le matin avaient vu
l'ennemi établi sous leurs murs, et qui perdaient par
cette victoire, la crainte d'une attaque sérieuse par
terre. Aussi l'enthousiasme fut-il tel, que le retour
du Général en chef chez lui fut un triomphe.

L'ordre du jour contint le lendemain le témoi-
gnage d'estime et de satisfaction que la conduite de
tant de braves avait provoquée, et qu'il est si doux à
un chef de leur rendre.

La 41ᵉ de ligne et son commendant, qui avaient
défendu le fort Diamant, reçurent du Général en
chef une lettre de félicitation sur leur conduite.

Une distribution extraordinaire d'eau-de-vie fut
faite à toutes les troupes.

Les résultats de cette journée furent de plus rédi-
gés (L), adressés au gouvernement Ligurien, traduits et imprimés dans les deux langues, publiés, et
affichés par-tout.

11 *et* 12 *Floréal.*

Le Général en chef pensa devoir profiter des différentes impressions que la victoire du 10 avait dû
faire sur nos troupes, et sur celles de l'ennemi ; et
après avoir laissé reposer les corps pendant la journée
du 11 , il chargea, le 12 , le général Miolis de faire
différens mouvemens , afin d'attirer l'attention de
l'ennemi dans le Levant , et d'y occuper les troupes
qu'il y avait ; et de son côté il fit porter, à la pointe
du jour , une forte reconnaissance sur les positions de
la Coronata , occupées par l'ennemi , avec l'intention
de la faire vigoureusement soutenir , si l'ennemi faisait le moindre mouvement douteux ; ou si, comme
cela était possible , le défaut de succès de son attaque
générale du 10 déterminait sa retraite , que le mouvement de l'armée de Réserve pouvait ne pas tarder à
rendre nécessaire.

Le chef de brigade Godinot , de la 25ᵉ légère ,
faisant fonction de général de brigade , fut en conséquence chargé d'inquiéter l'ennemi sur la Polcevera ,
depuis la mer jusqu'à Rivarolo , avec la 3ᵉ légère , la
3ᵉ de ligne , et douze compagnies de grenadiers , des
corps non employés dans cette affaire.

Le général de division Gazan déboucha de ce dernier village ; sa colonne , composée des 5ᵉ , et 25ᵉ
légère , et de la 106ᵉ de ligne , se dirigea sur la

gauche de la Coronata, et marcha de manière à la prendre à revers (1).

La 97e de ligne, débouchant de la position des Deux-Frères, fit de son côté une fausse attaque sur la chartreuse de Rivarolo.

Il y avait à peine une heure que le feu était commencé, et déjà le général Gazan, à la faveur d'une attaque extrêmement vive, arrivait aux pièces de l'ennemi, qui de son côté commençait à les évacuer: déjà tout un régiment de troupes légères autrichiennes avait posé les armes; mais quelques coups de fusil tirés sur ce régiment au moment où il se rendait, et l'arrivée d'une forte réserve autrichienne changèrent soudainement la face des affaires, et nos troupes furent repoussées, emmenant cependant quatre-vingt-dix prisonniers avec elles (2).

Le général Soult fit soutenir la division Gazan par la 2e de ligne qui était restée en réserve sous les

---

(1) Ce mouvement annullait une grande partie de l'artillerie dont l'ennemi avait hérissé tout le côteau de la Coronata.

(2) Dans ce moment où l'ennemi redoubla le feu de son artillerie, un obus, après avoir frappé le mur, roula au milieu du groupe formé par le Général en chef, et les officiers de son état-major, au commencement de l'avenue de Rivarolo, et y éclata aussi-tôt; elle pouvait y faire les plus grands ravages, nous n'eûmes cependant à regretter que le capitaine Carlier, officier très-estimé, et qui, à côté de moi, tomba roide mort par un éclat qui lui traversa la poitrine. Un grenadier qui se trouvait dans le groupe eut le genou brisé.

ordres du général Poinsot ; et marcha lui-même
à la tête d'une partie de cette demi-brigade, dès
qu'il sut que le général Gazan était blessé ; et débouchant dans la Polcevera par le centre du village
de Rivarolo, il prit un ordre de bataille tel que
par son feu, il arrêta les chasseurs de Bussi, et le
5ᵉ régiment de hussards hongrois qui, par le lit de
ce torrent, chargeait pour couper la retraite à nos
troupes (1).

    La difficulté du terrain, le crénellement de tous
les murs des jardins qui se trouvent sur ce côteau, les
ouvrages multipliés dont l'ennemi l'avait couvert, les
chevaux de frise dont toutes les routes étaient rem-
plies, le feu croisé de plusieurs batteries tirant à mi-
traille, la grande supériorité des forces de l'ennemi,
l'état de ses troupes, la faiblesse que produisait chez
les nôtres le manque de nourriture, la perte de tant
de bons officiers ; le commandement de presque
toutes les compagnies confié, dans nos corps, à des
officiers à la suite ; les longues souffrances, la misère,
l'épuisement, et le découragement d'un grand nombre,
(effet ordinaire de ces différentes causes), et enfin la
blessure que dans le moment décisif le général divi-
sionnaire Gazan reçut à la tête, furent les causes évi-
dentes de la non réussite de cette tentative qui était
très-militaire, puisqu'en mettant à profit les effets de

---

(1) La 106ᵉ perdit dans cette affaire cent trente hommes.

la victoire du 10, elle tendait à nous livrer l'artillerie dont l'ennemi avait couvert la Coronata ; tous ses préparatifs de siége et d'escalade ; beaucoup de prisonniers, et les vivres que le Général savait être arrivés pour plusieurs jours à Sestri : elle avait outre cela l'avantage de forcer l'ennemi à amener de nouvelles troupes contre nous, et à perdre du tems à reprendre cette position, et à la fortifier de nouveau.

Après cette affaire, il y eut une trève de trois quart-d'heures que l'ennemi demanda, afin, disaient les officiers qui la proposèrent, que chacun pût ramasser ses morts et ses blessés, mais qu'ils employèrent à chercher à débaucher nos soldats. Plusieurs désertions suivirent des entretiens particuliers, où des émigrés seuls avaient paru.

Aussitôt que le Général en chef eut avis de cette trève, et avant d'en connaître même les détails, il avait ordonné qu'elle fût rompue.

Pendant tout le combat, dans lequel la 5ᵉ légère se conduisit très-bien (1), l'escadre anglaise, forte de cinq vaisseaux et frégates, fut en bataille devant Cornegliano, et Saint-Pierre d'Arena.

Cette journée fut cruelle pour l'état-major.

Le général de division Gazan y fut blessé, ainsi

---

(1) En tués et blessés, la 5ᵉ légère perdit dans cette affaire cent cinquante-neuf hommes, dont 18 officiers, au nombre desquels se trouva le chef de bataillon Manset. Ce dernier fut blessé en se faisant jour à travers les ennemis, qui l'avaient enveloppé.

que l'un de ses aides-de-camp, et son officier de correspondance.

L'adjudant-général Fantucci fut tué. Ses adjoints Fascarolo, et Gasparinetti, furent blessés. Le citoyen Carlier, adjoint à l'état-major-général, fut tué ainsi que nous venons de le dire.

Le capitaine Rosa, attaché à l'adjudant-général Reille, fut légèrement touché par un boulet heureusement amorti.

13, 14, 15, 16, 17, 18, 19 *et* 20 *Floréal.*

L'adjudant-général Reille, parti le 11 d'Antibes, arriva le 13 à six heures du matin à Gênes, apportant des dépêches importantes au Général en chef.

Toute cette journée, l'ennemi travailla à ajouter encore de nouveaux ouvrages à son camp de la Coronata, et à le hérisser de nouvelles pièces. Il fortifia sur-tout le côté par lequel nous avions manqué le lui enlever la veille, et fit sur plusieurs points des démonstrations d'attaque, dans la vue sans doute de protéger les travailleurs.

Dans la même journée, le bruit se répandit qu'il avait reçu des renforts, et que dans la nuit il devait escalader Gênes. Le fait est qu'entre autres mouvemens, il porta une colonne de plus de deux mille hommes du côté de Monte-Creto.

La 73e passa de la 2e divison dans la 1ere, et fut chargée de la défense du fort de Quezzi (*M*).

On rapporta dans la même journée que la cavalerie ennemie filait du côté du Piémont. Cette nouvelle confirma nos espérances sur la marche de l'armée de secours. Malgré cela, les vivres éprouvèrent tout-à-coup un renchérissement considérable.

Le 14, dès la pointe du jour, l'ennemi fait jouer toutes ses musiques en signe de rejouissance.

Le 15, un petit bateau chargé de grains trompe les efforts des Anglais, et apporte à Génes des vivres pour cinq jours.

Les 16 et 17 n'offrent absolument rien de remarquable; aucun fait militaire, aucune nouvelle ne consacra ces journées, si ce n'est quelques reconnaissances qu'exécuta le général Miolis, le 16 surtout, mais qui ne conduisirent à aucun résultat qui puisse intéresser. Un des événemens de ces journées, que nous ne pourrons cependant manquer de rapporter, c'est la destruction d'un aqueduc que les paysans armés coupèrent le 16, et qui était d'autant plus important, qu'il faisait aller une grande partie des moulins de Génes (1).

_____

(1) Cet événement détermina le Général en chef à faire construire des moulins, que des chevaux pussent faire tourner. Par les soins, le zèle et les talens du chef de brigade du Génie, Marès, il en eut trois de faits en six jours, chacun de quatre meules. Ce fait seul, pourrait donner une idée de tout ce que cet officier a fait pendant ce blocus, pour justifier la confiance particulière du Général en chef, et l'estime de toute l'armée.

Le 18, un espion nous apprend que l'on a entendu pendant deux jours une très-forte canonnade du côté de Turin ; que l'opinion générale est que l'ennemi a été battu ; que les Français marchent sur Milan. Le même espion ajoute que le 16 au soir, M. de Mélas, à la tête de dix mille hommes, a passé à Sassello, marchant vers le Piémont.

Le besoin d'encouragement fait recevoir ces nouvelles avec avidité.

Vers dix heures du matin, la flotille napolitaine, arrivée le 17, canonne, et bombarde Saint-Pierre d'Arena, et essaye ainsi son effet sur les réduits de quelques pauvres pêcheurs, et sur quelques palais non habités ou changés en hôpitaux militaires (1). Deux corsaires français sortent du port de Gênes, et répondent au feu de la flotille. Ils sont protégés dans cette sortie par la batterie de la Lanterne, et par celle de la Marine, établie à Saint-Pierre d'Arena. Au bout d'une heure, une des barques ennemies est traversée par un de nos boulets ; cette circonstance met fin à ce combat ridicule et barbare.

Dans la même journée, le chef de brigade Pouchin, de la 108e, remplace dans le commandement de la place de Gênes, l'adjudant-général Dégiovani,

_____

(1) Le siége de Gênes est peut-être le seul où le drapeau noir, arboré sur les hôpitaux n'ait pas empêché les ennemis de diriger leur feu sur ces asiles du malheur, jusqu'alors constamment respectés ; mais ces ennemis étaient des Anglais et des Napolitains.

qui est particulièrement employé auprès du Général
en chef.

Le 19, à la pointe du jour, la flotille napolitaine bombarde Albaro : son feu dure trois ou
quatre heures.

L'ennemi fait dans cette journée différens mouvemens dans le Levant : le bruit se répand qu'il
est arrivé douze cents Calabrois à Nervi.

Le 20, dans l'après-midi, dix-neuf coups de
canon tirés par l'amiral anglais, et quelques dé-
charges d'artillerie faites dans le camp ennemi, se
font entendre, et donnent lieu à diverses conjectures.

21 *Floréal.*

Deux fois déjà depuis notre blocus, le Levant
avait été pour nous un théâtre de victoires. Attaquans, et attaqués, nous y avions vu des légions
menaçantes se changer devant nous en colonnes de
prisonniers timides, et descendre humblement des
cîmes qu'elles couvraient avec orgueil.

Deux fois, et toujours par l'effet des combinaisons
du général Massena, l'armée y avait moissonné
d'abondans lauriers ; mais cette terre amie n'était
point encore épuisée pour nous ; et les victoires des
17 germinal, et 10 floréal devaient en quelque
sorte être éclipsée par une nouvelle victoire plus
éclatante encore.

Une circonstance particulière en détermina l'ins-

tant : le Général en chef, bien résolu de profiter du
départ de M. de Mélas, et d'une partie de son
armée, pour affaiblir encore le corps ennemi qui
était resté chargé de notre blocus, méditait depuis
plusieurs jours la manière de le forcer à s'éloigner ou
à se renforcer autour de Génes, pour opérer une
plus puissante diversion ; mais le point, ou plutôt
le moment de son attaque, n'était point encore
décidé, lorsque, le 20, il reçut du général Otto
une lettre par laquelle ce dernier le prévenait que
le jour même son canon tirerait en rejouissance
d'une victoire remportée sur le général Suchet :
cette nouvelle, qui aurait intimidé un homme faible,
ou découragé un homme ordinaire, produisit sur le
général Massena un effet tout contraire. Une noble
indignation s'empara de son ame ; elle l'excita à
venger son lieutenant, et lui fournit, avec cette
idée mâle et généreuse, tous les moyens de l'exécuter.

En conséquence, et de suite, il arréta pour le
lendemain des dispositions d'après lesquelles il divisa
en quatre corps les troupes qu'il résolut de faire
concourir à l'exécution de son projet.

L'un, sous les ordres du général Miolis, fut composé des 62e, 74e, et 78e demi-brigades de bataille.

L'autre, sous les ordres du lieutenant-général
Soult, le fut des 25e légère, 2e, 5e, et 24e de
ligne.

La 106ᵉ forma la réserve de la division Miolis, et les 92ᵉ, et 97ᵉ, destinées à la fausse attaque, reçurent l'ordre de se porter en avant du Diamant pour occuper l'ennemi dans cette partie.

Le général Miolis fut chargé d'attaquer le Monte-Faccio, et le général Soult de le tourner, et d'envelopper par ce mouvement les troupes chargées de le défendre.

L'attaque de front se fit sur trois colonnes, savoir, la 78ᵉ, formant celle de gauche, et marchant sous les ordres de l'adjudant-général Gautier.

Le général Miolis occupait le centre avec la 74ᵉ, et avait sur la droite l'adjudant-général Reille, commandant la 62ᵉ, pendant que le chef de brigade Wouillemont, avec la 8ᵉ légère, occupait la Marine.

L'adjudant-général Gautier obtint des succès rapides, succès qu'il commanda autant par son courage que par ses dispositions et ses manœuvres, et au moyen desquelles il enleva à l'ennemi son camp retranché de Bavari, dans lequel la 78ᵉ trouva trente à quarante sacs de riz (1).

---

(1) Dans son rapport, l'adjudant-général Gautier fit le plus grand éloge des 1ᵉʳ et 2ᵉ bataillons de la 78ᵉ, commandés par le chef de cette demi-brigade.

Le général Miolis, qui a l'estimable habitude de ne pas prodiguer les éloges, ne put cependant s'empêcher de dire à l'adjudant-général Gautier, en voyant sur le terrain combien d'habileté il avait déployé dans son attaque du camp de Bavari, que dans cette affaire il s'était comblé d'honneur.

Le général Miolis, et l'adjudant-général Reille, s'emparèrent de même des premières positions de l'ennemi sur le *Monte-Faccio*; malheureusement ce dernier, en se repliant, ayant formé ses masses, profita d'un moment de fluctuation parmi nos troupes, et des avantages que lui offrait sa position, reprit brusquement l'offensive, les chargea avec beaucoup de vigueur, et les rejeta sur la Sturla, sans qu'il fût possible de les rallier, ou seulement de les arrêter; et cela, quoique le Général en chef eût successivement fait, dans cette vue, avancer toute la réserve (1). Mais pendant que l'ennemi suivait avec acharnement cette partie de nos troupes, le général Soult opérait victorieusement son mouvement.

Il avait divisé ses forces en une avant-garde, et en un corps de bataille ou réserve. Le général Darnaud commandait à la première les 25e légère et 24e de ligne (2), le général Poinsot commandait à la seconde les 2e et 3e de ligne.

_____

(1) L'adjudant-général Gautier, et le chef de brigade Wouillemont, firent seuls quelques prisonniers.

La 62e, à la tête de laquelle l'adjudant-général Reille combattit de manière à étonner les plus braves, perdit soixante-deux hommes dans cette affaire.

(1) La 25e ayant laissé à Saint-Pierre son second bataillon, et les gardes des 1er et 3e, et celles de la 24e de ligne étant de même restées dans leur position, ces deux corps ne formaient pas quatre cents hommes.

Parti

Parti vers cinq heures du matin (savoir son avant-garde de Gavetto dans le Bisagno, et son corps de bataille des glacis de la porte Romaine), le général Soult avait suivi la gauche du Bisagno, passant par *Bisantino*, *Olmo*, *Prato*, *Olivetto*, *et Cassolo*, culbutant devant lui les postes autrichiens qui étaient dans ces différens cantonnemens, en même tems qu'un corps détaché avait forcé les camps que l'ennemi avait sur le Monte-Creto. Arrivé à Cassolo, il passa la rivière : le général Darnaud s'empara rapidement des avancés du pont, et se porta jusqu'à l'embranchement des chemins de Torriglia et de Campanardigo, où l'ennemi pouvait prendre une position avantageuse ; mais où il n'eut pas le tems de se rallier. Pour le général Darnaud, il s'y arrêta le tems qui lui fut nécessaire pour y rassembler toutes ses troupes.

Arrivé au pied du Mont-Salviaggia, la 3ᵉ de ligne fut chargée, par le général Soult, de combattre une colonne ennemie qui s'avançait pour l'attaquer, et de couvrir ses derrières ; ce qu'elle fit avec un entier succès.

Quant à la colonne du général Darnaud, elle se dirigea sur les hauteurs dites *Il-Becco*, parvint à la crête des montagnes, et coupa le chemin de Sorri.

Pendant ce trajet, le général Darnaud avait battu l'ennemi à différentes reprises, et lui avait déjà fait plus de six cents prisonniers du régiment de Jordis et des chasseurs de Brentano (1). Mais se trouvant alors extrêmement éloigné du corps de bataille, il fut assailli par un corps ennemi beaucoup supérieur au sien par le nombre, et plus encore en ce que les troupes qui le composaient n'étaient pas, ainsi que celles du général Darnaud, affamées, et harassées de fatigue. Dans cette position critique, il soutint plus de deux heures un combat, dont ses talens seuls diminuèrent l'inégalité. Cependant un bataillon de la 2e de ligne, et ses grenadiers, arrivèrent sous les ordres du général Poinsot, et mirent à même de changer cette défensive pénible et difficile, en une offensive brillante. Par les ordres du général Soult, qui arriva immédiatement après cette colonne, le bataillon de la 2e, et les grenadiers, furent de suite formés dans le centre en colonne serrée : la charge

---

(1) Un fait mettra à même de juger des difficultés de ce mouvement : c'est que le général Darnaud, pour exécuter le passage d'un ravin extrêmement profond, et escarpé, fut obligé, sous un feu très-meurtrier, de faire passer toute sa troupe sur une seule échelle. C'est-là qu'avec les cinquante hommes qui avaient passé les premiers, ce Général chargea l'ennemi, et lui fit cent prisonniers. Dans ces prisonniers, se trouvaient un Colonel, un Lieutenant-Colonel, et deux Majors.

Un autre fait pourrait encore servir à donner une idée des localités ; et ce fait est que l'ennemi voyant tous ses chemins de retraite coupés par nos troupes, voulut chercher un passage à travers un ravin extrêmement profond, escarpé, et couvert. Les soldats de la 24e empêchèrent l'exécution de cette tentative, en faisant rouler dans ce ravin d'énormes pierres.

donna le signal de l'attaque ; la 25ᵉ s'élança sur le flanc gauche de l'ennemi ; la 24ᵉ sur son flanc droit ; et par cette manœuvre, l'ennemi surpris fut culbuté et précipité du haut des rochers (1). Plus de huit cents Autrichiens roulèrent dans les abîmes ; un plus grand nombre fut pris (2) dans les retranchemens de Monte-Faccio (3), monument éternel de

---

(1) Pendant ce mouvement, le capitaine Tribou, et le sous-lieutenant Prion, restèrent au feu, quoique blessés. Sanere, soldat, prit trois officiers ; Lafolie, caporal, prit un capitaine, et plusieurs soldats ; Meusnier, soldat, fit la même chose ; Angibout, soldat, attaqué par trois Autrichiens, en tua deux, et prit le troisième. Tous ces militaires étaient de la 24ᵉ de ligne, qui dans cette affaire perdit quatre officiers et cinquante-deux soldats.

(2) Le général ennemi Godsheim, qui commandait dans cette partie, ne se sauva que par une fuite rapide, au moyen de laquelle il arriva à Nervi avant nos troupes.

(3) Lors de la désertion d'une partie des corps de l'armée d'Italie, la 25ᵉ légère avait été chargée de désarmer la 24ᵉ de ligne. Cette circonstance faisait craindre de les rapprocher ; mais dans cette journée, la conduite héroïque de ces deux corps, qui à chaque pas avaient rivalisé de gloire, leur donna réciproquement tant de motifs d'estime, que les braves qui les composaient s'embrassèrent au milieu du feu, et firent, sur le champ de bataille, et par un mouvement honorable pour toutes deux, abjuration de toute inimitié. L'enthousiasme fut même si grand de part et d'autre, que par un échange momentané de braves, la moitié de la 25ᵉ passa dans la 24ᵉ, et la moitié de la 24ᵉ dans la 25ᵉ, et les deux corps, ainsi mêlés, continuèrent à battre l'ennemi avec une ardeur nouvelle.

Tout le monde jugera sans doute avec nous que les armées françaises sont les seules qui puissent fournir de semblables anecdotes.

la gloire du nom français, et témoin constant des défaites de ses nombreux ennemis.

Le général Soult, maître de Monte-Faccio, y fit faire une halte, après laquelle le général Darnaud se dirigea sur Nervi, dont il s'empara. Il y trouva des vivres pour ses troupes, et y prit deux pièces de canon.

Quant au Général en chef, qui, à la manière dont toutes les troupes du général Miolis, (excepté la 78e, aux ordres de l'adjudant-général Gautier), s'étaient retirées le matin, avait jugé qu'il était alors impossible de reformer de suite les corps qui les composaient; il leur avait fait prendre position à Saint-Martin d'Albaro, et à la Porte-Romaine; avait fait recompléter leurs cartouches, et leur avait fait faire une distribution extraordinaire de vin : cette mesure prise sans perdre de tems, le mit à même de les reporter en avant, vers une heure après midi; et il se trouva si bien en mesure pour secourir le général Soult (s'il en avait eu besoin), qu'avant quatre heures du soir le général Miolis avait déjà rétabli les communications avec les troupes que le général Soult avait laissé dans le Bisagno; qu'à la même heure, la 62e était en position sur le Monte-Rati, et que la tête de la colone de droite, composée de la 8e légère, arriva à Nervi en même tems que les troupes du général Darnaud (1).

_____

(1) Lorsque, vers deux heures après-midi, ces différens corps reçurent l'ordre de reprendre l'offensive, il se manifesta parmi eux un

A la nuit, ce dernier se replia à Castagna. La 2ᵉ rentra à Génes, y ramenant plus de quinze cents prisonniers. Le reste des troupes acheva le lendemain de reprendre ses premières positions, en conservant cependant le Monte-Faccio (1).

Vers le soir, cette victoire fut annoncée à Génes au son des bandes militaires, et la ville fut illuminée.

L'enthousiasme fut même d'autant plus grand, que du moment où la division Miolis avait battu en retraite, il n'avait plus été possible au Général en chef d'avoir des nouvelles du général Soult; et cette circonstance était extrémement sérieuse, attendu que ce général se trouvait enveloppé par l'ennemi qu'il avait tourné; qu'agissant seul, il pouvait être accablé par le nombre; et que par conséquent beaucoup

---

mouvement d'insurrection. Des officiers d'état-major et des officiers-généraux furent insultés, et le Général en chef lui-même manqua l'être; mais sa fermeté en imposa, et quelques châtimens aussi prompts qu'exemplaires, des menaces, des exhortations, et quelques arresta-tions ayant achevé de ramener l'obéissance et la subordination dans les rangs, cette division marcha à une victoire alors facile, comme elle eut remarché au combat le plus opiniâtre. Ceux qui réfléchiront à tout ce que ces troupes ont souffert, et qui jugeront quel effet la moindre quantité de vin ne pouvait manquer de produire sur des hommes aussi affaiblis, loin d'être étonnés de cet événement, admi-reront encore le courage, la patience, et la résignation de troupes si cruellement éprouvées.

(1) La 62ᵉ, ne revint sous les murs de Génes que le 23 à la pointe du jour.

de personnes avaient cru la journée complètement malheureuse, jusqu'au moment où l'on en publia le brillant résultat. Dans son rapport au Général en chef, le général Darnaud donne, relativement à cette affaire, les plus grands éloges aux chefs des 25ᵉ légère et 24ᵉ de ligne, au chef d'escadron Lavilette, (blessé dans la dernière charge), et au sous-lieutenant Mamard, de la 106ᵉ, qui y fut de même blessé.

22 et 23 Floréal.

Le Général en chef, qui avait pour but constant d'approvisionner Génes à la faveur des avantages par lesquels il parvenait à éloigner l'ennemi de ses murs, jugea pouvoir profiter de la victoire du 21, pour chercher à en remporter une nouvelle avant que l'ennemi eût eu le tems de réparer ses pertes. Les succès brillans obtenus dans cette journée, avaient bien fait apporter des villages enlevés à l'ennemi, quelque bétail et des herbes dans Génes ; mais pour avoir des grains il fallait encore étendre les conquêtes. D'un autre côté, le général Massena connaissait assez la situation de son armée, pour savoir que dans un pays où la victoire échappe souvent au plus brave, pour favoriser le plus robuste, il était impossible avec des troupes épuisées par de longues souffrances, et usées pour ainsi dire au moral comme au physique, de

combattre deux jours de suite, sur-tout, sur les rochers presque inaccessibles de la Ligurie, et contre
un ennemi en présence duquel l'on ne pouvait arriver qu'après deux ou trois heures des efforts les plus
pénibles, et qu'à moitié vaincu par la fatigue.

Le 22 fut donc, par nécestité, consacré au repos ; il le fut de même à la célébration de la victoire
de la veille, qui se fit à midi par vingt-cinq coups de
canon, dont le motif fut officiellement annoncé aux
généraux ennemis (1). Mais, le 23 au matin, le
Général en chef, malgré la nouvelle de la retraite du
général Suchet sur le Var, se trouvant toujours supérieur aux caprices de la Fortune ; ou bien indépendamment de toute autre considération, voulant faire
usage de toutes ses ressources, et cherchant d'après
cela à presser les événemens à proportion que le tems
semblait lui échapper avec plus de rapidité, marchait
déjà à une expédition nouvelle, et qui, relativement
à l'offensive (si souvent reprise par lui), devait être
décisive entre les troupes qui défendaient Gênes, et
celles qui en ce moment bloquaient cette place.

Le but de cette attaque était l'enlèvement du camp

_____

(1) A minuit, le 22, l'ennemi attaqua Saint-Pierre d'Arena avec
vigueur. Deux cents hommes passèrent même la Polcevera ; mais
comme cette affaire n'est d'aucun intérêt connu, nous nous bornons
à la citer, et à dire que ces deux cents hommes furent battus et repoussés par le sous-lieutenant Bazière, et vingt - cinq chasseurs de la
3ᵉ légère.

de Monte-Creto (1), point central de toutes les positions de l'ennemi autour de Génes, et réellement la
clef de toute la ligne : je dis la clef, parce que,
maîtres de cette montagne, les localités sont telles
que nous devions le forcer à s'éloigner de Génes.
Par suite de ce mouvement, nos forces pouvaient
tout-à-coup être réunies, et par sa continuation
nous étions les maîtres de nous porter d'un côté sur
les derrières de Coronata, d'où l'ennemi, dans le Ponent, nous génait le plus, et de l'autre, dans le
Levant, où l'ennemi n'avait que de faibles points

---

(1) L'expérience a démontré au Général en chef qu'il devait toujours
croire à son pressentiment, et à sa première idée. En effet, dans une
tête forte, entierement occupée d'un objet, le premier jet de la pensée
doit être beaucoup plus juste qu'une résolution à laquelle conduit une
fatigante discussion. Le général Massena en est une preuve frappante
et nouvelle dans cette occasion. Le mouvement qu'il avait arrêté pour
le 23, devait avoir lieu sur Portofino. Son but était d'y enlever le
grain qui s'y trouvait, et d'avoir des vivres avant de tenter l'attaque
si importante, mais si douteuse du camp de Monte-Creto. Déjà huit
cents marins et porte-faix étaient rassemblés à Albaro ; déjà une partie
de la garde nationale de Gênes marchait pour prendre part à cette expédition, et déjà les colonnes s'ébranlaient, lorsque dans un conseil
particulier tenu pendant la nuit du 22 au 23, l'idée de commencer par
l'attaque de Monte-Creto, prévalut. Le Général en chef s'y refusa cependant long-tems ; mais pressé par les instances et les raisonnemens
d'un Général, fort auprès de lui de tous les titres de l'amitié et de la
victoire, il se rendit en prophétisant cependant des malheurs, qui dans
cette journée ne se réalisèrent que trop. Le reste de la nuit fut, d'après
ce nouveau plan, consacré à changer toutes les dispositions arrêtées, et
à en ordonner de nouvelles.

d'appui. La perte de son camp de Monte-Creto l'obligeait donc à se retirer sur la Bochetta et en arrière de Voltry et de Sestri du Levant, à évacuer Portofino, et à abandonner l'artillerie qu'il avait à Cornegliano, et à Sestri du Ponent, où même nous avions l'espérance de trouver quelques magasins.

Rien ne fut négligé pour assurer la réussite de cette opération si majeure, par les résultats (1) qu'elle ne pouvait manquer d'avoir. Le choix des troupes et des chefs se fit avec un soin égal. Les troupes reçurent tout ce qu'il était possible de leur donner. Enfin, un espoir fondé faisait d'avance ranger cette journée au nombre de celles qui devaient nous laisser des souvenirs glorieux et consolans.

Mais, par un premier malheur, l'ennemi, qui avait senti l'importance de sa position de Monte-Creto, y avait rassemblé, ou en avait rapproché une grande partie de ses forces : cette circonstance, ignorée par le Général en chef, ne put donc rien changer à ses résolutions, et le corps destiné à cette attaque fut divisé en deux colonnes.

Celle de droite, composée des 3e légère, et des 2e, 3e, 24e, et 62e de ligne, marchait, sous les

_____

(1) C'était en quelque sorte la dernière tentative que le général Massena pouvait songer à faire. La nécessité de contenir le peuple de Gênes, que des souffrances trop prolongées aigrissaient tous les jours davantage, et que par tous les moyens possibles on excitait à la révolte, ne pouvant plus guères permettre de sortir de cette place.

ordres du lieutenant - général Soult, sur le camp de
Monte - Creto. Elle partit de la porte Romaine, à
huit heures du matin, et se dirigea par la vallée du
Bisagno.

Celle de gauche, commandée par le général
Gazan, et composée des 92e, 97e, et 106e, déboucha par le fort de l'Eperon, et, passant par les
Deux Frères, se dirigea sur les Quatre As, qui se
trouvent à leur droite, et que l'ennemi occupait par
de fortes redoutes, en même tems qu'il soutenait ces
dernières par un camp considérable.

Les 3e légère, et 6$_{\rm P}^e$ de ligne, formant, sous
les ordres de l'adjudant - général Gautier, l'avant-
garde du général Soult, commencèrent le combat vers
onze heures du matin. La valeur des troupes, l'intelligence de leur chef, leur confiance réciproque, si-
gnalèrent le début de cette journée par des succès
marqués. Par-tout l'ennemi ployait devant cette petite colonne (1); et, au bout de plusieurs heures
d'une marche qu'un combat continuel rendit extrêmement pénible, et après avoir enlevé deux camps, et
plusieurs retranchemens, elle arriva au camp de
Monte - Creto, défendu par de nombreux ouvrages,
et par une ligne de troupes soutenues par plusieurs
réserves.

----

(1) Ces deux demi-brigades ne formaient pas quatorze cents hommes.
Cette dernière perdit dans cette affaire soixante-quatre hommes.

Pendant que l'adjudant - général Gautier avait obtenu ces différens succès, le 24ᵉ de ligne, sous les ordres de son chef, avait attaqué et enlevé, malgré la plus vigoureuse résistance, la montagne de l'Aspino à l'ennemi, et se trouvait de cette manière seconder les troupes chargées sur ce point de la principale attaque, et les flanquer.

Dans le même tems, la division du général Gazan était également aux prises avec l'ennemi ; déjà la brigade du général Spital s'était emparée de ses premières positions ; déjà l'on formait des pelotons pour suivre, un peu rassemblés, les braves qui marchaient sur les redoutes de l'ennemi, lorsque l'orage le plus violent et le moins attendu, sembla tout-à-coup confondre la Terre avec les Cieux : des nuages tellement épais, qu'en se touchant l'on ne se voyait pas, couvrirent les montagnes élevées que nous occupions, et enveloppèrent tous les combattans, au point que l'on ne s'appercevait plus qu'à la faveur des éclairs. Après trois quarts d'heure d'un véritable déluge, pendant lequel personne n'osait faire un pas, chacun se trouva où l'orage l'avait pris. Mais tout était mouillé, et la terre, et les armes. Le moment de l'énergie (1) était passé. Les sentiers étaient devenus extrêmement glissans et difficiles, et pendant ce tems l'ennemi

---

(1) A la fin du blocus, elle était faible dans nos troupes, par l'effet de tout de qu'elles avaient souffert.

s'était encore renforcé par l'arrivée des corps, qui, placés dans les vallées environnantes, et au-dessous des nuages, avaient pu marcher pendant l'état de stagnation dans lequel nous avions été si long-tems. Les obstacles, en un mot, avaient augmenté en proportion de la diminution de nos moyens. On fit encore des efforts, mais ils furent tous malheureux. L'enthousiasme, ce ressort des ames, qui est tout pour les Français, était usé.

Sur la gauche, le général Spital, en cherchant à ranimer ses troupes, eut son cheval tué sous lui, et lui-même se blessa dans sa chûte. L'adjudant-général Reille prit sa place, se jeta en avant, et ne put faire partager le courage dont il donna l'exemple avec le plus grand dévouement.

Sur la droite, l'adjudant-général Gautier, par la force du sien, obtint encore une charge, au moyen de laquelle il enleva les redoutes qui défendaient le camp ennemi. Mais aussitôt, ce dernier fait donner l'une de ses réserves, que conduit le général Hohenzollern lui-même. Le choc est terrible : l'on se bat corps à corps, et Gautier tombe blessé. Ses troupes reculent. Le lieutenant-général fait rapidement avancer le général Poinsot, à la téte de la 2ᵉ de ligne ; l'ennemi plie à son tour, nos troupes arrivent au camp de Monte-Creto. Le feu est mis par elles aux baraques de ce camp ; mais l'arrivée d'un nouveau corps ennemi rend encore cet effort inutile, et nos troupes se dispersent de nouveau. C'est alors que le lieutenant-général Soult, accompagné et secondé du chef d'escadron Soult, son frère, et son aide-de-camp, et du citoyen Mengodt, lieutenant au 4e régiment d'hussards, rallie la 3e de ligne. Les troupes à sa voix s'arrêtent un instant, il semble leur communiquer la valeur qui l'anime ; mais une balle, qui lui fracasse la jambe droite, nous arrache la victoire. Ce fut en vain que le général Poinsot, et l'adjudant-général Gauthrin, engagent les soldats à venger le sang de leurs chefs. La retraite s'opère, et, pour comble de douleur, le général Soult reste au pouvoir de l'ennemi (1). Le terrain, naturellement glaizeux, et incliné, était tellement imbibé, que nos soldats, exténués de fatigue, et pouvant à peine s'y soutenir, ne purent l'enlever, malgré les efforts qu'ils firent pour y parvenir. L'ennemi suivit d'autant plus faiblement notre mouvement rétrograde, qu'il avait détaché une colonne pour nous tourner. Cette colonne serait en effet arrivée assez à tems pour couper la retraite à la moitié de nos troupes, si elle eût eu affaire à tout autre qu'à des Français.

----

(1) Au moment où le général Soult vit qu'il allait être pris, il chargea un grenadier de porter ses armes et son chapeau au Général en chef.

Le chef d'escadron Soult, dans ce moment cruel, ne quitta point son général et son frère, il partagea son sort, donnant ainsi une preuve de sa sensibilité, égale à celles qu'il avait tant de fois données de son courage.

Il y eut, dans cette rencontre imprévue pour nos bataillons, une action assez vive, et dans laquelle le chef de brigade Perrin, commandant la 2ᵉ de ligne, reçut, à la jambe gauche, une balle dont il mourut (1) vingt-trois jours après.

Au moment où le Général en chef avait jugé l'entreprise manquée, il avait détaché de la division

---

(1) Nous ne pouvons pas nous dispenser de consacrer par le fait suivant, le nom d'un des braves qui dans cette journée le fut de la manière la plus honorable. Le citoyen Bonneau, caporal de grenadiers à la 2ᵉ de ligne, à l'attaque du camp de Monte-Creto, monte le premier aux redoutes, le premier se jette dans les rangs de l'ennemi, et y désarme un officier, qu'il fait prisonnier de guerre. Dans ce moment, nos troupes se retirent, et Bonneau se trouve enveloppé. Sa valeur suppléant au nombre, il combat long-tems seul, tue plusieurs ennemis, et en blesse davantage. Cependant il finit par être blessé lui-même de quelques coups de baïonnettes et par perdre son fusil, qui lui est arraché. Il allait succomber sous les efforts d'ennemis irrités de sa défense opiniâtre, lorsque son audace lui fournit un moyen de salut : une roche très-escarpée était près de lui, il n'hésita pas sur le parti qu'il avoit à prendre, et se précipita du haut de la montagne ; sa chûte ayant été heureuse, il était sauvé ; mais le malheur voulut qu'il tombât au milieu de neuf Autrichiens qui avaient tourné cette position. Ce revers nouveau n'abatit pas néanmoins son courage, il lui restait le sabre qu'il avait pris au commencement de l'affaire ; la possession de cette arme lui rendit, avec toute son énergie, ses forces premières, et malgré leur feu, il fondit avec tant de vigueur sur ces neuf ennemis, qu'il les frappa d'épouvante, en mit quatre en fuite, et en ramèna cinq prisonniers de guerre.

A l'affaire du 21 floréal, le citoyen Bonneau, marchant toujours à la tête des tirailleurs, prit quatre officiers, deux mulets, et un cheval chargé de cartouches.

Gazan, l'adjudant-général Hector, qui, avec la 106ᵉ, descendit dans le Bisagno pour protéger la retraite des troupes du général Soult. Ce corps seconda très-heureusement les efforts par lesquels la 2ᵉ de ligne se fit jour (1). Le soir chaque corps rentra dans ses anciennes positions (2).

Pendant ces différens combats, le général Miolis occupa l'ennemi dans le Levant et dans le Bisagno, au moyen de fortes reconnaissances.

C'est ainsi que se termina pour nous cette journée d'un véritable deuil ; cette journée fatale à tant de braves, et dans laquelle l'armée fit trois pertes irréparables pour elle (3).

Enfin, c'est ainsi que la Fortune inconstante partagea ses faveurs, et se joua ce jour-là de nos vœux et de nos espérances.

Cent vingt prisonniers ennemis restèrent en notre

---

(1) Cette demi-brigade eut dans cette journée vingt-cinq officiers et deux cents sous-officiers ou soldats tués ou blesssés.

(2) Cette journée coûta cent hommes à la 3ᵉ de ligne.

(3) 1°. Le chef de brigade Perin, bon chef, et d'une bravoure qui ne s'était jamais démentie.

2°. L'adjudant-général Gautier, réunissant pour le commandement des qualités rares, et des talens distingués.

3°. Le lieutenant-général Soult, qui, par les services les plus signalés, justifia pendant ce blocus sa haute réputation. Il marcha de victoires en victoires, et l'on peut dire qu'il suivit une route constamment éclairée par la gloire.

pouvoir ; on prit avec eux un colonel, un major, et huit autres officiers.

Pendant que l'armée avait été ainsi occupée hors de Génes, quatre mille femmes, des sonnettes à la main, s'étaient rassemblées dans la ville en demandant du pain, et la fin de leur misère. De l'argent distribué à propos par le commandant de la place, et sa sagesse, dissipèrent cet attroupement ; mais ne purent tranquilliser sur un peuple nombreux, souffrant, et agité par des meneurs adroits.

24, 25, 26, 27, 28, 29, et 30 *Floréal.*

Le 24 au matin, le Général en chef adressa aux habitans de la ville de Génes, la proclamation suivante :

« Vous êtes témoins des travaux de l'armée pour
» délivrer votre territoire de la présence de l'ennemi ;
» il a été si souvent battu, ses pertes ont été si
» énormes, qu'aujourd'hui ses forces sont infiniment
» réduites ; la journée d'hier même, est une des plus
» meurtrières pour lui. Cet ennemi est désormais dans
» l'impossibilité de rien tenter contre la ville de Génes.
» Nous n'aurions qu'une seule chose à redouter, c'est
» le manque de subsistances, si les mesures les plus
» rassurantes n'avaient été prises à l'avance ; elle ont
» été l'objet de ma sollicitude et de celle de votre
» Gouvernement. Des achats ont été faits, et qu'elles
» que

» que soient les difficultés qu'il faut vaincre, sous
» peu de jours il arrivera des approvisionnemens.

 » Habitans de la ville de Génes, je vous le répète,
» l'ennemi ne peut rien entreprendre ; votre sort est
» donc dans vos mains. Vous devez aux sacrifices que
» vous avez déjà faits, vous devez à l'armée qui verse
» son sang pour votre défense, vous devez à l'hon-
» neur de votre caractère national, à vos familles, à
» votre Gouvernement, de persévérer avec courage :
» je n'ai qu'à me louer de votre zèle et de votre con-
» tenance ferme et calme ; mais vous perdriez tout le
» fruit de vos sacrifices, si vous ne les supportiez
» encore quelques jours.

 » Citoyens de Génes ! l'armée Française vous
» donne un grand exemple de dévouement ; hésiteriez-
» vous à le suivre, dans des circonstances qui vous
» intéressent au moins aussi essentiellement qu'elle».

 Le 24, à onze heures du soir, le citoyen Cou-
chaud, capitaine du génie, arriva avec les dépéches
par lesquelles le premier Consul informait le général
Massena de la première victoire de l'armée du Rhin,
et lui annonçait qu'il prenait le commandement de
l'armée de Réserve. Cette nouvelle ranima d'autant
plus l'énergie des troupes que le nom seul de Bonaparte électrise les ames et présage des victoires. Sa
lettre fut, dès la pointe du jour, traduite, imprimée et répandue par-tout.

 Le même jour 24, le Gouvernement fit, au moyen

d'une seconde visite domiciliaire, saisir tout le bled qui se trouvait chez les marchands de pain. Cette opération, dont le résultat fut nul relativement aux besoins de l'armée et du peuple, (ce commerce n'étant rien que par la valeur que les circonstances donnaient aux plus petites quantités,) et qui ne laissa aucun doute sur la pénurie des habitans, fit de plus le double mal de priver totalement la ville de pain pendant trois jours, et de n'en faire reparaître qu'à un prix excessif, lorsque le Gouvernement, pour réparer sa faute, l'eut doublé par une rétractation, qui décélait sa faiblesse et l'incertitude de sa marche, et par la quelle il promit solennellement la plus entière liberté pour cette espèce d'industrie ou de commerce.

Le 25, plus de quarante bâtimens font voile vers le Levant. Ce sont, dit-on, les Autrichiens qui évacuent sur Livourne tout ce qu'ils ont pu enlever dans la rivière du Ponent, et qui préparent ainsi leur retraite.

Le 26, le rapport de la Lanterne porte que les fortins de Vado ont tiré.

Le même jour, le Général en chef, instruit que les pêcheurs, font non-seulement la contrebande du vin, mais servent encore d'espions à l'ennemi, prend des mesures pour arrêter ce double abus. Informé que les prédicateurs emploient leur influence d'une manière dangereuse, il les fait prévenir que la surveillance publique s'étendra jusqu'autour de leurs chaires. En outre, il fait sortir de Gênes un grand nombre de femmes des environs, qui s'étaient jettées dans la ville lors de son investissement, et qui par leurs cris s'étaient fait remarquer dans les attroupemens. Il trouve encore moyen de contenir ce qui restait de troupes liguriennes, et qui, par le mauvais exemple de quelques-uns de leurs officiers, avaient fait de leurs casernes un foyer d'insurrection. Enfin il emploie tous les moyens qui sont en son pouvoir, pour retracer au peuple tout ce qui, dans les événemens de 1746, pouvait contribuer à nourrir sa haine contre les Autrichiens.

Le 27, à deux heures du matin, les galères et chaloupes napolitaines bombardent Gênes, et principalement le quartier de la Marine. Le peuple s'épouvante, et fuit de toutes parts. Au milieu de la nuit, la ville est pleine de monde, des rumeurs se font entendre, des fusées partent de l'un des endroits où sont les prisonniers. La générale bat, mais ne rassemble presque personne de la garde nationale, qui, depuis le 23, ne prenait presque plus de part aux mesures de police. Le zèle des patriotes était refroidi. Les menaces dont Assereto remplissait toutes ses proclamations, les intimidait à proportion que notre position devenait plus critique.

Au milieu de tout le désordre de cette nuit, le Général en chef parcourut toute la ville.

Le jour mit fin au bombardement (1).

Le 28 , l'ennemi fait une forte reconnaissance sur le Monte-Faccio; il est repoussé après un combat d'une demi-heure.

Le canon se fait encore entendre du côté de Savone, à ce qu'annoncent différens rapports.

Cinq déserteurs rapportent que tous les corps ennemis qui se trouvent dans le Ponent , ont fait partir tous leurs équipages, ainsi que leurs chevaux de pelotons , et que le bruit se répand dans le camp ennemi que Bonaparte a bloqué Turin , et marche sur Alexandrie. L'ennemi , ajoute-t-on , ne quitte presque pas les armes.

Malgré ces nouvelles , qui cependant nous sont favorables , plusieurs conciliabules se tiennent à Gênes, sans qu'on puisse découvrir le nom d'aucun de leurs membres.

Dans des groupes, des femmes crient *Viva* (2), sans achever leurs acclamations. Par ces mêmes femmes , et par des prêtres , des Français sont insultés dans les rues , et quelques - uns le sont d'une

(1) Les femmes sur-tout continuèrent encore , malgré le jour , à rester en groupes. Près d'un de ces groupes, des cris se firent entendre au moment du passage du général Massena : il s'arrêta, fixa les séditieux , et son regard fit tout fuir.

(2) Le mot de *Maria* joint au *viva* , était l'ancien cri du peuple de Gênes, sous son gouvernement aristocratique ; il était devenu depuis la révolution, un cri de mort contre les patriotes du pays et contre les Français.

Or, ce mot de *Maria* était sous entendu dans le cas dont nous parlons.

manière très-grave. Tout semble présager une explosion, et pour comble de malheur, nous apprenons
le 28, que le fort de Savone s'est rendu le 26 (1).

La fermentation qui existe parmi les habitans de
Génes, l'abattement des troupes, le mécontentement
de tous fait craindre que cette nouvelle ne produise un
effet fâcheux : en conséquence le Général en chef prend
des mesures particulières pour la sûreté de la ville. Il
fait évacuer le Monte-Faccio, et reprendre au *général*
Miolis la ligne plus resserrée de la Sturla ; il renforce
la garnison de Génes, et établit des réserves perma-
nentes sur les places de la Fontaine-Amoureuse et de
Saint-Dominique ; il y fait placer de l'artillerie (2);
enfin il concentre ses forces.

Le 30, à sept heures du matin, arrive, sur une
esperonade maltaise, l'adjudant-général Ortigoni : il

_____

(1) Au moment où la capitulation venait d'être signée, un bateau,
chargé de subsistances, et envoyé *de Gênes* par le Général en chef,
entrait dans le port de Savone.

(2) La 3ᵉ de ligne avait toujours un de ses bataillons sur la place de
la Fontaine - Amoureuse, qui était sa place d'alarme, et où il y avait
une pièce de canon ; la 2ᵉ et la 106ᵉ (quand cette dernière remplaça
cette première dans Gênes), avaient toujours un bataillon à la place
Saint-Dominique, où il y avait en outre deux pièces de canon. La
place d'alarme des deux autres bataillons, était à la place de l'Aqua-
Verde. Il y avait outre cela une demi-brigade sur les glacis de la porte
Romaine, une aux Deux-Frères, et une à la porte de France. Tous les
artilleurs de l'armée et de la ville avaient leurs places marquées : le
Général en chef se mit ainsi en mesure contre le peuple, les troupes
Autrichiennes, et la flotte combinée.

avait échappé, par la rapidité de la marche de cette esperonade, à tous les dangers de la mer. Sa mission consistait à annoncer, d'après une dépêche de Bonaparte, que, du premier au 10, nous serions débloqués. Avec lui arrivent d'Antibes 900,000 francs, envoyés par le payeur-général Scetivaux. Cette somme employée à donner quelques secours à l'armée, et à faire face aux besoins les plus urgens des administrations, rendit un peu de courage et d'énergie, par le mieux momentané que son emploi produisit.

Depuis la veille, toute la flotte anglaise paraissait réunie devant Génes : à la pointe du jour, on signala cependant encore une nouvelle escadre, venant du Ponent ; vers deux heures après-midi, elle vint en effet se joindre aux autres bâtimens qui, entourés d'une multitude de galères, de chaloupes, et de bombardes, passèrent la journée à portée de canon des batteries de la place.

De quatre à cinq heures du soir, il s'engagea entre un vaisseau de ligne anglais, et une galère génoise, soutenue par un corsaire français, et protégée par la batterie de la Lanterne, une canonnade assez vive. A onze heures, tous les petits bâtimens de l'ennemi approchèrent à la faveur de la nuit, et bombardèrent Génes de nouveau. Ce deuxième bombardement produisit moins d'effet que le premier ; beaucoup de personnes s'éloignèrent encore des quartiers ou les bombes tombaient le plus ; mais il y eut peu de rumeur.

A deux heures après minuit, les Anglais avec leurs chaloupes enlevèrent, au moyen d'un abordage, (sans doute convenu), une fort belle galère génoise, qui, avec les autres bâtimens armés du port, en défendait l'entrée pendant la nuit. Les cinquante grenadiers liguriens qui tenaient garnison sur cette galère, tirèrent trois coups de fusil pour la défendre. Le brave Bavastro qui la commandait, voyant ce bâtiment perdu par une trahison manifeste, se précipita dans la mer, et préféra les risques d'une mort honorable, à une reddition honteuse. Il échappa heureusement aux périls qu'il brava, et conserva, par ce trait de courage, un homme précieux à l'armée. A la pointe du jour, le bombardement finit, et les chaloupes canonnières, ainsi que les bombardes, disparurent avec les ténèbres (1).

---

(1) A deux heures du matin, au moment où le Général en chef traversait Campetto avec tout son Etat-major, une bombe y tomba, avec un fracas horrible ; mais par un bonheur extraordinaire, elle éclata à la hauteur du premier étage. Un balcon de marbre fut entièrement brisé par son explosion, et tomba à deux pas devant le général en chef, avec une partie des morceaux de la bombe. Au bruit qu'elle fit, à la commotion qu'elle produisit, au feu dont elle remplit toute cette rue, tous les hommes, par un mouvement spontané, se précipitèrent à terre, et tous les chevaux se cabrèrent. Ce qu'il y a eu encore de très-étonnant dans cet événement, c'est que dans un endroit aussi resserré, et aussi plein de monde en ce moment, les éclats de cette bombe, et les débris du balcon ne blessèrent personne, et que de même personne ne fut blessé par les chevaux qui dans ce moment de trouble s'effrayèrent, et échappèrent à plusieurs de leurs cavaliers.

Pour remplacer cette galère, le Général en chef fit conduire à l'entrée du port deux des radeaux qui servaient à le nettoyer : il les fit fixer au moyen d'ancres, fit faire sur ces radeaux des embrasures du côté de la mer, et fit placer deux pièces de canon sur chacun.

Ces radeaux ainsi armés, formèrent deux bonnes batteries flottantes (1).

Première décade de Prairial.

Rien ne peut peindre la cruelle proportion dans laquelle chacun des jours du mois de prairial a multiplié les maux que Gênes a soufferts par les effets de ce cruel blocus. Il faudrait, pour présenter à cet égard un tableau fidèle et complet, analyser, pour ainsi dire, les tourmens que l'on y a éprouvés, et calculer le nombre des malheureux qui, pendant ces jours de douleurs, ont été immolés à la nécessité, cette divinité terrible, devant laquelle tout plie, et qu'avec tant de raisons les anciens disaient être de fer. Mais, sans chercher à présenter tous les détails de cette affreuse situation, sans rappeler toutes les circonstances de ces désastres, sans décrire la faim dévorante, remplissant jour et nuit les airs des cris

(1) En 1746, M. de Boufflers avait imaginé aussi une espèce de batterie flottante ; c'était des barques pontées, et garnies de canons et de mortiers.

du désespoir, les rues de morts et de mourans (1);
sans parler de ces victimes qui, faute de pain, ont
terminé, dans des réduits hideux, leur affreuse exis-
tence; sans chercher des contrastes dans la rage des
uns, dans le morne et profond abattement des autres;
sans scruter toutes les horreurs de cette misère; sans
tracer le tableau de tout un peuple pâle, défiguré, et
livide, se disputant les chevaux, qui, morts de maladie, étaient transportés à la voirie, s'arrachant les

(1) En parlant de cette douloureuse époque, le citoyen Corvetto,
chargé par le Gouvernement de ses relations ordinaires avec le Général
en chef, a dit dans un rapport qu'il fit à ce sujet : « Des malheu-
» reux répandus dans les rues, les remplissant de leurs gémissemens,
» et tombant à chaque pas de pure défaillance ; des enfans délaissés
» et courant dans la ville en jetant des cris aigus ; des physionomies
» pâles et défigurées où se peignaient à-la-fois le désespoir du présent
» et les angoisses de l'avenir ; des morts et des mourans que la police
» faisait bientôt enlever sans les formalités accoutumées : voilà une
» faible esquisse du tableau déchirant qu'offrait aux yeux de l'homme
» sensible une ville jadis si riche et si florissante ». Et l'on pourrait
ajouter avec l'auteur de l'Essai sur l'état de Gênes : Cette ville célèbre,
qui couvrait la mer de ses vaisseaux, qui avait pris et délivré des
rois ; dont la puissance avait porté la guerre avec des succès éclatans
dans diverses parties du monde, et dont plusieurs états d'Italie avaient
reçus la loi.

Mais un fait que l'histoire recueillera avec étonnement, c'est qu'au
milieu d'un état de choses si violent, il n'y eut presque point d'insubordination dans l'armée, ni de mouvemens dans le peuple, point de
vols, point de désordres même dans les rues, lors du bombardement,
et qu'à dix heures du soir tous les citoyens étaient habituellement
retirés chez eux.

chiens, les chats, et les autres animaux domestiques, et mangeant jusqu'à des souris, des rats, et de l'herbe (1), la pâture des bestiaux qui avaient été dévorés ; sans nous étendre davantage sur ces lugubres souvenirs, nous laisserons à chacun de nos lecteurs à se figurer quelles horreurs la famine doit avoir produites dans une enceinte de cent soixante mille ames, où de tout tems il y a eu beaucoup de pauvres, et où, au commencement du blocus, le peuple ne recevait déjà plus par jour qu'une once de pain par personne. Mais ce qu'il y avait de plus cruel, c'est que, malgré tout ce que l'on avait pu faire, l'on était arrivé au moment où l'armée partageait cette détresse.

Lorsque les hostilités avaient commencé, on avait rassemblé tout le grain et les légumes que l'on avait pu découvrir, et l'on avait évalué à quinze jours la durée du blocus que Gênes pouvait soutenir.

Pendant ces quinze jours, on avait fait les recherches les plus sévères, et, à force de fouiller, l'on avait rassemblé, en blé et en grenailles de toute

---

(1) Ce mot est absolument exact ; au surplus, l'habitude de la nourriture la plus frugale a peut-être rendu aux Liguriens cette extrémité moins affreuse qu'elle ne l'eût été pour tout autre peuple.

Ce qui prouve encore combien la consommation fut totale, c'est que par besoin les gens aisés mangèrent jusqu'à des dragées. A la fin, on ne voyait plus dans les rues que des marchands d'oignons et de bombons.

espèce, de quoi substanter encore quinze autres jours, et le peuple et l'armée (1).

Ces efforts conduisirent au 15 floréal. A cette époque, un petit bâtiment, échappa à la surveillance de la flotte ennemie, et nous apporta du bled pour cinq jours. Au 20, le général Massena, par une de ces résolutions qui sont faites pour étonner tous ceux qui sont à même de les apprécier, osa (dans ce moment où cette immense population devenait cependant si redoutable,) donner l'ordre de retrancher au peuple le pain que de tems immémorial le Gouvernement lui faisait distribuer , et qui lui était alors plus nécessaire que jamais.

Le but de cette mesure audacieuse était de tout réserver à l'armée ; mais pour prévenir les malheurs qu'elle pouvait occasionner, le Général en chef fit multiplier les soupes d'herbes (2), que l'on vendait à bas prix au peuple ; de même que pour le mettre à même de payer ces soupes, il fit solder, par la classe

---

(1) Pour remplir cet objet, on avait enlevé tout le grain existant dans les dépôts connus à Porto-Franco, et sur tous les bâtimens du port ; on acheta ensuite à tout prix celui que l'on voulut vendre : enfin, on eut recours aux visites domiciliaires.

(2) Les médecins les plus estimés de Gênes furent appelés pour déterminer la composition de ces soupes, dans lesquelles on a fini par faire manger au peuple toutes les herbes médicinales qui se trouvèrent dans les pharmacies de la ville.

riche ou aisée (1), toute la classe indigente. Ainsi
chaque père ou mère pauvre reçut seize sols par
jour, et chaque enfant, ou autre individu pauvre
sans enfans, dix sols.

Les curés donnèrent les listes de leurs paroissiens.

Le rôle de l'imposition personnelle servit de base
pour l'assiette de ce nouvel impôt ; et de cette manière, ces secours furent régularisés.

Cette mesure, en formant deux nouveaux partis
dans la ville, produisit encore le bien de faire cesser
des murmures qui devenaient alarmans : enfin l'on
parvint par elle à substanter l'armée jusqu'au premier
prairial (2)

Mais alors les embarras les plus cruels se firent

---

(1) Les retards que la pénurie mettait dans la manutention du pain
que l'on donnait aux pauvres habitans, faisaient que les distributions
n'avaient lieu que fort avant dans la nuit. Cette circonstance annullait les principales dispositions du réglement de police, et pouvait
conduire aux plus grands désordres, en facilitant aux mal intentionnés
l'exécution de leurs desseins. Mais indépendamment de cela, les
moyens de donner du pain étaient épuisés : la mesure de solder les
indigens fut donc doublement sage, en ce qu'elle mit fin à l'abus dont
nous venons de parler, et fit supporter au peuple une privation qui
cependant le réduisait à la plus douloureuse détresse.

(2) Tout le monde sait comment tant de villes bloquées par mer,
ont souvent obtenu des vivres, par les hommes même chargés de les
leur couper. Aussi, et indépendamment de toutes les autres considérations, y avait-il bien de l'adresse au Gouvernement anglais, à avoir
chargé du blocus de Gênes un homme aussi riche que milord Keith,
qui ne pouvait plus connaître d'autre intérêt que celui de sa gloire.

sentir. Il n'existait plus de quoi faire pour deux jours, le pain déjà si mauvais que l'on distribuait aux troupes. Dans cette extrémité, le Général en chef, qui pensait si justement, que gagner du tems était tout gagner, mit tout en œuvre pour prolonger l'agonie.

A cet effet, il fit ramasser tout ce qui existait en amandes, en graine de lin, en amidon, en son, en avoine sauvage, et en cacao ; et amalgamant le tout, il en fit faire une composition que l'on donna au lieu de pain. Il est impossible de rien imaginer de plus dégoûtant que cette nourriture, que la difficultés de sa manutention achevait de rendre exécrable ; qui n'était qu'un mastic pesant, noir, amer, et tellement imbibé par l'huile du cacao et du lin, qu'il n'avait aucune consistance, et n'était susceptible d'aucune cuisson (1).

Le besoin de diminuer les maladies que cette nourriture multipliait, détermina à distribuer en même tems aux troupes, du fromage, le peu de légumes verds que l'on pouvait se procurer, et quelques salaisons, de même que l'on distribua aux officiers des rations de chocolat. Dans les hôpitaux où les besoins étaient doublement cruels, et où l'on manquait de tout, on recevait à peine un peu de pain de son, et quelques mauvaises confitures, que l'on aurait

---

(1) On ne peut donner une idée de cette composition qu'en la comparant à de la tourbe imbibée d'huile.

encore été bientôt obligé de supprimer (à cause du mal qu'elles firent), quand même ce qu'on put en trouver n'aurait pas été de suite épuisé (1).

C'est ainsi que par des efforts surnaturels le dévouement le plus rare et le plus constant, fit d'une part multiplier les ressources, et de l'autre, soutint le courage avec lequel les troupes supportèrent leurs privations, leurs fatigues, et leur misère, et sur-tout fit recevoir, sans de trop vives plaintes, cette espèce de pain, auquel cependant si peu d'estomacs pouvaient résister (2).

Mais au milieu de tant d'embarras, pour mettre du moins le plus grand ordre dans les distributions, l'adjudant-général Gauthrin fut chargé de surveiller

----

(1) A-peu-près dans ce tems, l'ordonnateur Aubernon fit faire un essai qui prouve encore combien le désir de se créer des ressources était en proportion de leur manque total. Cet essai consista à faire sécher dans les fours de la ville, les épis encore verds des champs de blé qui se trouvent entre les deux enceintes de la ville, pour voir si l'on pourrait en retirer quelque chose qui ressemblât à de la farine. Mais les grains étant encore trop jeunes, leurs épis ne renfermaient qu'une substance laiteuse, et presque tous fusèrent. Le petit nombre de ceux qui étaient plus formés, donna en séchant une espèce de semouille, encore en si petite quantité, que dans huit jours tous les fours de la ville auraient à peine suffi pour distribuer aux troupes de quoi faire une soupe.

L'espérance que cette idée avait fait concevoir, s'évanouit donc par cette expérience, et fut mise au nombre des beaux rêves.

(2) Les chiens vomissaient après avoir avalé de ce pain : chez les hommes, il ajoutait la fièvre à cette marque d'indigestion.

la distribution et la manutention du pain ; l'adjudant-général Dégiovani fut chargé de surveiller les
distributions de la viande ; le chef d'escadron Hervo,
faisant les fonctions d'adjudant - général , fut chargé
de surveiller les distributions des liquides ; et le général Thiébault , chargé auprès du Général en chef
de toute sa correspondance militaire , le fut de même
en ce moment, de recevoir tous les jours les rapports
des corps sur les distributions qui leur étaient faites.
Ce fut à-peu-près à la même époque , que l'on commença à remplacer en argent les diminutions que
la disette forçait presque tous les jours de faire au
poids des rations de pain.

Malgré les dispositions de sûreté prises par le
Général en chef pour contenir le peuple , celui-ci ne
laissait pas cependant de donner des inquiétudes ,
à cause de ses grandes souffrances , (1) quoique

---

(1) Des enrôlemens secrets se font ; de nouveaux conciliabules se
tiennent : dans le Bisagno, on fait des projets pour assassiner le
Général en chef ; à Gênes, on parle de l'empoisonner. On répand
des proclamations d'Asseretto , dans lesquelles il emploie les moyens
de la persuasion et les menaces : ces proclamations se colportent avec
tant de secret, que pour les connaître , le ministre de la police en paie
un exemplaire jusqu'à cinq louis. On solde des femmes, des hommes ,
et des enfans pour courir les rues presque sans vêtemens, et en jetant
des cris aigus.

La sagesse et l'active surveillauce du commandant de la place , an-
nullent, et font entièrement évanouir ces vains projets enfantés par
la perfidie, et dont le peuple même , tout entier à l'attente de l'arrivée de Bonaparte, ne parut pas s'occuper fortement.

semblable aux flots de la mer qui s'élèvent et s'abaissent au gré des vents qui les dominent, ce peuple s'agitait, ou se calmait, suivant les bruits plus ou moins favorables qui se répandaient.

Mais d'un côté, si dans le commencement de cette triste décade, les ravages de l'épidémie se renouvelèrent d'une manière désolante, de l'autre nous fûmes fort bien servis par les nouvelles qui circulèrent. Le premier prairial, on assura que M. de Mélas, avec partie de son armée, et deux mille hommes de cavalerie, était arrivé à Voltry. Ce mouvement, qui semblait prouver une défaite, annulla l'effet du bombardement de Saint-Pierre d'Arena, que pour la seconde fois les barques napolitaines exécutèrent le soir du même jour.

Le 3, on donna comme certain que Bonaparte, avec une partie de son armée, avait passé le Pô, et manœuvrait de manière à ôter toute retraite à l'ennemi. Cette nouvelle fit une grande sensation; le même jour, le tems devenant orageux, renouvela encore l'espoir de voir arriver du grain. Avide d'espérance, on s'arrête à celle de recevoir quelqu'approvisionnement, quelques secours, ou du moins quelques nouvelles. Pour le 4, il se passa dans une vaine attente de nouvelles, de secours, et de pain. On rapporta seulement que beaucoup d'effets avaient été embarqués à Sestri du Ponent, et que des convois considérables de mulets filaient vers le Levant.

Les

Les pauvres, qui depuis qu'on les soldait, avaient semblé diminuer, reparurent tout-à-coup dans un nombre désespérant.

Le 5, sur quelques avis secrets d'un mouvement insurrectionnel préparé pour la nuit, le Général en chef, entr'autres mesures, fit, à une heure du matin, battre la générale ; cette précaution déconcerta les factieux, et la nuit se passa dans le calme.

Le matin, il fit rassembler chez lui tous les curés de Génes, et leur distribua de l'argent pour secourir les plus indigens de leurs paroissiens, et d'après les données qu'il avait, il leur promit que le 10 Génes serait débloqué.

Dans la journée du 5, on entendit des coups de canon dans le lointain. Tout en craignant que ce ne fût le feu de Gavi (1), on faisait des vœux pour que ce fût celui de l'armée de secours.

Le 6, le chef d'escadron Franceschi, aide-de-camp du général Soult, envoyé par le général Massena au premier Consul, dans les premiers jours de floréal, arrive, et apporte des dépéches de Bonaparte, qui donnent lieu à la notice suivante, transmise officiellement et de suite à l'armée et au gouvernement ligurien.

« Un des officiers que j'ai envoyés près du

_____

(1) Cette crainte paraissait d'autant plus fondée, qu'il était notoire qu'immédiatement après la prise de Savone, plusieurs des mortiers de eette place avaient été transportés du côté de Gavi.

» premier Consul à Paris, est revenu cette nuit.

» Il a laissé le général Bonaparte descendant le
» Grand-Saint-Bernard, et ayant avec lui le général
» Carnot, ministre de la guerre.

» Le général Bonaparte me mande que du 28
» au 30 floréal, il sera arrivé, avec toute son armée,
» à Yvrea, et que de là il marchera à grandes jour-
» nées sur Génes.

» Le général Lecourbe fait en même tems son
» mouvement sur Milan par la Valteline.

» L'armée du Rhin a obtenu de nouveaux avan-
» tages sur l'ennemi; elle a remporté une victoire
» décisive à Bibcrach, a fait beaucoup de prison-
» niers, et a dirigé sa marche sur Ulm.

» Le général Bonaparte, à qui j'ai fait connaître
» la conduite des habitans de Génes, me témoigne
» toute la confiance qu'il a en eux, et m'écrit :
» — *Vous êtes dans une position difficile ; mais*
» *ce qui me rassure, c'est que vous êtes dans*
» *Génes. Cette ville, dirigée par un excellent*
» *esprit, et éclairée sur ses véritables intérêts,*
» *trouvera bientôt dans sa délivrance le prix des*
» *sacrifices qu'elle a faits* ». Signé MASSENA.

Ces nouvelles rendent encore, pour quelques instans, un peu de ton aux esprits : mais les impressions des maux soufferts sont telles, que l'on ne
sort plus que par momens de l'état d'affaissement
dans lequel sont toutes les ames.

Cependant des avis nombreux annoncent, le 7 au soir, des mouvemens rétrogrades de la part de l'ennemi. Le général Massena, incapable de perdre un instant, ordonne, pour le lendemain 8, une reconnaissance sur Nervi, le Monte-Faccio, le Monte-Rati, et dans le Bisagno. Cette reconnaissance donne lieu à des combats très-vifs, dans lesquels nos troupes se couvrent de gloire par la manière dont elles manœuvrent sous le feu le plus meurtrier, mais qui coûtent à l'armée un nombre considérable de braves, parmi lesquels on compte avec douleur le général de brigade Darnaud, grièvement blessé au-dessous du genou gauche (1). Les adjudans-généraux Hector et Noël Huard sont aussi blessés dans cette journée vraiment fatale (2), ainsi que les citoyens Chanaud, lieutenant des gardes du Général en chef, et l'aide-de-camp du général Darnaud (3).

---

(1) Le 11, on fut obligé de lui couper la cuisse.

(2) Nous regrettons infiniment de n'avoir pas reçu les renseignemens relatifs à la conduite de l'adjudant-général Noël Huard, pendant ce blocus ; nous avons seulement appris, par les notes envoyées à l'Etat-major-général, qu'il fut, dans cette journée particulièrement, d'un grand secours au général Miolis.

(3) Il ne faut point faire honneur aux troupes autrichiennes du grand nombre d'officiers et de généraux que nous perdîmes dans les différentes affaires de ce blocus ; c'est aux paysans des montagnes de la Ligurie qu'il faut s'en prendre. Les services qu'ils rendirent à M.rs de Mélas et Otto pendant cet événement, peuvent se comparer au mal qu'ils firent à M.rs de Schulembourg et Picolomini, il y a à-peu-près un demi-siècle.

Les rapports de tous les militaires prouvent que l'ennemi, qui par-tout a plié devant nous, a fait ce jour-là des pertes énormes en tués et en blessés. Quant à ses forces, elles étaient autour de Gênes ce qu'elles avaient toujours été depuis que le général Otto était resté chargé du blocus, c'est-à-dire, d'au moins 25,000 hommes de troupes réglées.

Le 9, la fermentation devient alarmante, des coups de fusil se tirent dans la ville, mais c'est de Liguriens à Liguriens. L'opposition entre les deux partis sauve l'armée.

Le bruit d'une grande victoire remportée dans le Piémont par Bonaparte, se répand et se confirme (1). Elle fait reparaître quelques denrées, mais à un prix si excessif, que plusieurs personnes, au milieu de ces signes trompeurs d'abondance, meurent de faim dans les rues.

Le mécontentement éclate dans quelques-uns des corps de l'armée; il y a des soldats qui brisent leurs armes au milieu de la place Saint-Dominique.

---

(1) Sans que l'on puisse découvrir comment elles y arrivent, toutes les nouvelles se savent à Gênes avec une grande rapidité. Les premières maisons de cette ville, qui tour-à-tour ont été appelées à gouverner ce pays, ont contracté des relations étendues et secrètes pendant le tems de leur autorité, se sont fait des créatures, et se sont ménagé des moyens d'espionnage, qu'elles continuent à employer; mais avec tant de discrétion, que jamais on ne découvre la source d'où partent les nouvelles prématurées qu'on y apprend.

Tout prend une physionomie sombre.

Le 10, à une heure moins un quart du matin, le bombardement recommence d'abord très-vivement, mais il ne dure qu'une heure et demie à-peu-près. Son effet est moindre qu'il n'a jamais été. Il se borne à conduire quelques centaines de femmes dans les rues et les promenades publiques (1) : à la pointe du jour, tout le monde se retire, et le calme renaît.

Un petit bateau chargé de soixante sacs de grains, venant de Corse, entre dans le port de Génes. Le patron de ce bateau annonce qu'il est suivi de quatorze autres, qui n'arrivent pas. Ce secours, quelque faible qu'il soit, paraît d'un favorable augure.

A onze heures du matin, l'aide-de-camp du général Gazan arrive chez le Général en chef, et le prévient que l'on entend le canon du côté de la Bochetta, et la fusillade du côté de Campo-Fredo.

Tous les officiers courent à leurs chevaux. Les uns se félicitent, les autres s'embrassent; les figures de nos ennemis secrets s'alongent aux cris de

(1) Près de la place Saint-Dominique, un tambour, en battant la générale, eut la tête coupée d'un boulet.

Un bourgeois eut la cuisse coupée d'un éclat de bombe.

Un boulet traversa la porte de la maison André Doria, qu'occupait le Général en chef, fit le tour du vestibule qui servait de corps-de-garde, coupa un fusil, mais ne toucha aucun des grenadiers qui s'y trouvaient.

Au résumé, les effets de ce bombardement furent presque nuls.

joie des patriotes. Un mouvement nouveau anime tout Génes. De l'étonnement on passe à l'enthousiasme, qui bientôt se change en délire. Déjà les troupes avaient pris les armes, et le Général en chef était sur les hauteurs en avant de la Tenaille, pour voir si l'ennemi faisait quelque mouvement; mais les trois camps qu'il avait sur la rive droite de la Polcevera, étaient dans leur état naturel. Par-tout il nous montrait ses forces ordinaires; un orage lointain parut expliquer le bruit entendu; et après avoir presqu'acquis cette douloureuse certitude, tout le monde reprit ses positions ordinaires.

Ainsi se passa pour Génes et l'armée, cette journée si douce d'abord, et ensuite si cruelle, à cause du découragement qui succéda chez tout le monde, à une espérance trompeuse, à laquelle il en coûtait d'autant plus de renoncer, qu'elle devenait à tout instant plus nécessaire, et qu'on s'y était plus entièrement livré.

Quant au Général en chef, il reçut dans cette journée une demande d'entrevue de la part des généraux Keith, Otto, et Saint-Julien. Il leur envoya l'adjudant-général Andrieux pour connaître les motifs de cette demande : elle avait pour but la remise d'une lettre que M. de Mélas écrivait au général Massena, pour lui renouveler les offres de la capitulation la plus honorable.

Le citoyen Andrieux ne se crut point autorisé à

s'en charger du moment où il en connut le contenu, et se borna à en rendre compte au Général en chef, pour lequel elle fut portée dans la journée aux avant-postes français.

Accoutumé à ne traiter avec les ennemis de son pays que les armes à la main, le premier mouvement du Général en chef fut de rejeter toute ouverture semblable ; mais nous étions arrivés au terme où Bonaparte savait que nous devions tomber. Le moment où il nous avait semblé pouvoir nous débloquer était passé. Ayant toujours su se ménager les moyens de faire ce qu'il a projeté ou résolu, il semblait, à quelques militaires, que Gênes n'était pas nécessaire à l'exécution de ses projets, puisqu'il ne débloquait pas cette place (1) ; et que, pendant que le général Mélas morcelait son armée pour la couvrir, Bonaparte marchait à l'exécution d'autres desseins. La diversion que la défense de Gênes avait fait faire à l'ennemi, et qui avait facilité à l'armée de Réserve le débouché des Alpes, et son entrée dans le Piémont et la Lombardie, pouvait être tout ce que Bonaparte avait attendu de nous. Le plan de campagne prouvait

---

(1) On croyait généralement à Gênes que le premier Consul, profitant de l'entêtement du général Mélas à couvrir le blocus, tâcherait de surprendre Mantoue, se jeterait de-là dans le Tirol, ferait en continuant son mouvement sa jonction avec le général Moreau, et à la tête des deux armées irait à Vienne dicter les conditions de la paix. Mais il portait des coups plus sûrs et plus rapides.

d'ailleurs que le but du Gouvernement n'avait jamais
été de sacrifier l'armée d'Italie à Génes ; mais seulement de l'employer à tenir cette place autant que cela
serait possible ; et, après cela, d'occuper l'ennemi dans
le Bas-Piémont (1), afin de l'y envelopper ensuite.
D'un autre côté, il n'existait plus par homme une
ration complète de cette composition, qu'à la place
de pain on donnait aux troupes, et qui, distribuée
par faibles portions, ne pouvait mener que jusqu'au 14. Presque tous les chevaux étaient mangés ;
il était, au surplus, tems de faire quelque chose pour
des troupes qui, de leur côté, avaient tout fait, et
que la Patrie était si intéressée à conserver. Il était
encore également important de sauver tout un état-
major-général, et près de six mille malades ou blessés;
enfin, c'eût été faiblesse que de ne pas savoir supporter un revers, dont au surplus, et indépendamment
de toute autre considération, rien ne pouvait plus
garantir, et que tous les efforts possibles avaient vainement concouru à prévenir, à éviter, ou du moins
à retarder.

Ces motifs, qui tous démontraient l'évidente

_____

(1) Il est rare de voir un général réaliser les espérances de son
ennemi, aussi complètement que le fit M. de Mélas, en portant une
partie de son armée sur le Var. En attaquant le Midi de la France,
il crut être plus heureux que ne l'avaient été le prince Eugène, et
le général Brawn, et il se trompa. Son plan, et la manière dont il
fut exécuté, valaient en effet encore moins que les leurs.

nécessité de se conserver l'avantage qu'offrait la démarche de l'ennemi, déterminèrent le Général en
chef à répondre : « *que quoique cette ouverture*
» *fût prématurée, il se réservait cependant de*
» *traiter de son objet, lorsqu'il s'en serait suffi-*
» *samment occupé* ».

11 *Prairial.*

Avant une heure du matin, le bombardement de
Génes était déjà recommencé ; mais il fut moins long
et moins vif qu'à l'ordinaire. Le Général en chef qui,
aux premiers coups, se rendait toujours à la batterie
de la Cave, et de-là à celle de la Lanterne, pour
observer par lui-même tout ce qui se passait, tant au
dedans qu'au dehors de la place, se porta ce jour-là,
de cette dernière place, au fort de l'Eperon, pour
juger du bruit du canon que l'on croyait y entendre ;
mais c'était encore l'illusion du désir, qui seule renou-
velait cette erreur si douce. Après s'être assuré par
lui-même de cette vérité, et après avoir appris par
les rapports de plusieurs généraux envoyés à cet effet
de tous côtés, que l'ennemi tenait toutes ses positions
ordinaires, et n'avait fait pendant la nuit aucun mouvement, il rentra vers sept heures chez lui.

Après les coups de canon, que beaucoup de personnes prétendaient toujours avoir entendus la veille,
ce silence était vraiment accablant. Il était d'autant
plus triste, que suivant les interprétations générales,

et les nouvelles reçues le 9, une reconnaissance, ou une affaire d'avant-garde pouvaient avoir donné lieu à cette courte canonnade. Mais ne recevant avis de rien, et n'entendant plus rien, toutes ces conjectures s'évanouissaient, et nous retombions dans cette incertitude affreuse, qui est souvent plus cruelle que le malheur que l'on redoute...... Cependant nous nous disions encore..... Si l'armée du général Berthier avait seulement eu un premier défaut de succès, ou s'il rencontrait des obstacles capables de faire manquer son entreprise, MM. de Mélas et de Keith crieraient à la victoire, et le canon de toute la ligne et de toute la flotte, nous présagerait bientôt notre reddition prochaine et inévitable, et la prise certaine de Génes, le but principal des efforts de la coalition.

Mais la tranquillité de l'ennemi, et la sommation encore renouvelée le 10 au général Massena, et dans laquelle on lui offrait les conditions les plus honorables, s'il voulait capituler, prouvent l'incertitude de l'ennemi, et doivent fortifier notre espérance. D'un autre côté, nous expliquions la non-venue d'espions ou d'avis, par les difficultés que les paysans révoltés devaient apporter à leur passage. En effet, on peut échapper à des soldats étrangers, qui souvent ne savent pas même la langue du pays où ils font la guerre; mais on ne trompe pas des paysans qui connaissent également le langage, l'accent, les sentiers, et les figures, et qui, tous armés, sont toujours, et partout, aux aguets. C'est ainsi que, variant nos conjectures, et cherchant à fixer ou seulement à reposer nos idées d'une manière satisfaisante, nous devenions plus ingénieux à nous créer des consolations, à proportion que nous en avions plus besoin, et que nous cherchions des côtés favorables aux indices les plus alarmans.

Ces réflexions rassurantes échappent cependant à la masse des troupes; aussi le désespoir produit-il parmi elles de nouveaux murmures, et sur-tout de nombreuses désertions.

Instruit de ces différens faits, le Général en chef, rassemble chez lui, vers midi, les chefs des corps qui composent l'armée. Il se fait rendre compte par eux de l'état de leurs demi-brigades. Il concerte avec eux les moyens d'y ramener l'ordre et d'y resserrer les liens de la discipline, que l'excès des souffrances y relâchait sans cesse. Il fait des promotions; il charge les chefs de l'avancement de leurs sous-officiers, et les autorise même à casser ceux qui, dans cette circonstance difficile, ne justifieraient pas leurs promotions antérieures; enfin, il leur demande sur quoi il pourrait compter s'il se déterminait à tenter une trouée?

A l'unanimité tous lui déclarèrent qu'il ne pouvait espérer être suivi que par des officiers, les soldats n'étant plus en état de soutenir un combat, ni même une simple marche. C'était cependant une des dernières espérances du Général en chef, et ce qu'il avait secrètement résolu , s'il y était réduit (1). Afin de rendre un peu d'énergie aux troupes , il leur adressa la proclamation suivante :

« Soldats,

» Les rapports qu'on me fait, m'annoncent que
» votre patience et votre courage s'éteignent ; qu'il
» s'élève quelques plaintes, et quelques murmures
» dans vos rangs ; que quelques-uns d'entre vous
» désertent à l'ennemi, et qu'il se forme des complots
» pour exécuter en troupes des desseins aussi lâches.

» Je dois vous rappeler la gloire de votre défense
» dans Génes, et ce que vous devez à l'accomplisse-
» ment de vos devoirs, à votre honneur, et à votre
» délivrance, qui ne tient plus qu'à quelques jours
» de persévérance.

---

(1) Le plan du Général en chef, qui savait qu'il trouverait des vivres sur toute la rivière du Levant, était de laisser à Gênes le général Miolis avec les blessés et les malades, et seulement pour capituler, et de se rendre en Toscane avec toutes les troupes et tous les patriotes et réfugiés Italiens en état de marcher ; de séjourner dans les environs de Livourne le tems nécessaire pour y organiser un corps d'artillerie et un de cavalerie ; pour y solder et refaire ses troupes, et de se porter ensuite à Naples, recrutant sur la route tous les patriotes de l'Italie, et complètant ainsi ses nombreux cadres : arrivé là, de s'y établir, et d'y constituer un gouvernement républicain sur les ruines de la tyrannie anarchique qui désole ces contrées malheureuses. Tous les ordres pour ce mouvement étaient écrits et cachetés ; les instructions les plus détaillées y étaient jointes, lorsqu'il abandonna cette idée. Il y a plus même, tous les choix pour occuper les principales charges du nouvel état, étaient faits.

» Que la conduite de vos généraux et de vos chefs
» soit votre exemple : voyez - les partager vos priva-
» tions, manger le même pain, et les mêmes alimens
» que vous (1); songez encore que pour assurer
» votre subsistance, il faut veiller le jour et la nuit.
» Vous souffrez de quelques besoins physiques, ils
» souffrent ainsi que vous, et ont de plus les inquié-
» tudes de votre position. N'auriez-vous fait jusqu'à
» ce jour tant de sacrifices, que pour vous aban-
» donner à des sentimens de faiblesse ou de lâcheté ?
» Cette idée doit révolter des soldats français.

   » Soldats, une armée commandée par Bonaparte
» marche à nous ; il ne faut qu'un instant pour nous
» délivrer ; et cet instant perdu, nous perdrions avec
» lui le prix de nos travaux, et un avenir de captivité
» et de privations bien plus amères s'ouvrirait devant
» vous.

   » Soldats, je charge vos chefs de vous rassembler,
» et de vous lire cette proclamation : j'espère que
» vous ne donnerez pas à ces braves, si respectables
» par leur vertu, et dont le sang a coulé si souvent
» en combattant à votre tête, à ces braves qui ont

---

(1) Pour la table du Général en chef en particulier, ce mot était
bien rigoureusement vrai. On n'y servit, dans les derniers tems sur-
tout, que ce qui composait les distributions des troupes.

  Le repas du 15 prairial consista en une soupe d'herbes et de bouillon
de cheval, en un plat de viande de cheval bouillie, et en un plat de
haricots verds, cuits à l'eau.

» toute mon estime, et qui méritent toute votre con-
» fiance, la douleur de m'entretenir de nouvelles
» plaintes, et à moi celle de punir.

    » L'honneur et la gloire furent toujours les plus
» puissans aiguillons des soldats français, et vous
» prouverez encore que vous êtes dignes de ce titre
» respectable.

    » Cette proclamation sera mise à l'ordre, et lue
» à la tête des compagnies ».

Signé MASSENA.

12 *Prairial.*

Jamais besoin de nouvelles ne fut plus grand ;
jamais silence ne fut plus complet ni plus accablant.

    Quelques bruits vagues se répandent que six
espions de Bonaparte ont déjà été arrêtés autour de
Génes, et fusillés par l'ennemi, et que la crue des
eaux du Pô retarde la marche et les opérations de l'armée de secours, qui, le 3, était cependant rassemblée à Yvrea. C'est tout ce qui parvint jusqu'à nous,
encore avec tous les caractères de l'incertitude.

    Ce qui malheureusement était trop évident, c'était
l'accroissement des maux de toute espèce, le progrès
des maladies, le nombre effrayant des morts dont la
famine semait les rues, le tableau de la misère la plus
affreuse (1) ; enfin celui du découragement, de la
tristesse, du mécontentement, et du désespoir qui se

---

(1) J'ai vu des personnes si profondément affectées de la vue de tant

manifestaient également sur les visages décolorés des habitans et des militaires.

Au milieu de tant d'horreurs, deux prêtres connus pour être patriotes, sont aasassinés chez eux vers dix heures du matin, et à côté de la demeure du Général en chef.

Mais enfin, comme nous touchions au manque total de subsistances de tout genre, et que nous avions perdu tout espoir d'être secourus à tems, l'adjudant-général Andrieux, sous le prétexte d'une entrevue relative aux prisonniers, fut chargé d'aller recevoir à Rivarolo les propositions de l'ennemi, et d'entrer en négociation.

Le premier mot de l'ennemi fut que la capitulation qu'il offrait était, que l'armée retournât en France, mais que le général restât prisonnier de guerre.

« *Vous valez seul vingt mille hommes*, écri-
» vait M. Keith au général Massena (1) ».

_____

d'horreurs, que hors de Gênes, le mot seul de *faim* leur faisait encore mal à entendre ou à prononcer.

J'ai vu à Antibes et à Nice des personnes revenant de Gênes, s'arrêter stupéfaites devant des boutiques où l'on vendait du pain, ne pouvant s'accoutumer à la vue de ces signes d'abondance. J'en ai vu souffrir de voir à Nice émietter du pain à une table : il y a enfin des officiers qui, à leur premier repas à Nice, ont tenu table sept heures, mangeant, au grand étonnement de tous les gens de l'auberge, tout ce qu'on put leur apporter.

(1) Dans ce moment, quelques personnes proposèrent au général Massena de partir sur l'espéronade maltaise qui avait amené l'adju-

Mais ce dernier, déterminé à mourir plutôt les armes à la main (1) qu'à consentir à rien qui ne fût digne de lui, tranchant sur toutes les petites difficultés ou chicanes, répondit à cette première proposition, en déclarant qu'aucune négociation ne serait jamais ouverte, si le mot de capitulation devait y être employé.

13 *Prairial.*

Cette réponse fut portée par le citoyen Andrieux aux plénipotentiaires des généraux ennemis, et quelques précieux que fussent les momens de cette journée, déjà si critique, elle se passa en négociations orageuses. La tenacité des négociateurs ennemis empêcha d'arriver au but voulu par le général Massena, qui tenait à la conservation de la totalité des armes, et des bagages de son armée, et à ce qu'elle eût tous

---

dant-général Ortigoni, et d'échapper ainsi à l'ennemi. L'idée de suivre l'exemple de Charles XII, à Stralzund, et de Stanislas, à Dantzick, aurait déterminé peut-être d'autres généraux ; mais le général Massena n'hésita point à rejeter cette proposition, bien décidé à partager le sort des braves qui avaient si vaillamment combattus avec lui.

(1) Toute l'armée était convaincue d'avance de la résistance terrible que ferait le général Massena : l'anecdote qui suit le prouve.

Deux grenadiers voyaient filer sur Livourne quelques barques, que l'on disait transporter la garnison de Savone..... *Ah ! disait l'un, je crois que nous ne tarderons pas à la suivre..... A la suivre,* reprit l'autre? *Avant de se rendre, le Général en chef nous aura fait manger jusqu'à ses bottes.*

les

les moyens d'évacuation qui pouvaient lui être nécessaires (1).

14 *Prairial.*

Le 14 au matin, les négociations reprirent cependant ; mais vers quatre heures du soir l'adjudant-
général Andrieux fit prévenir le Général en chef que
les difficultés ne s'applanissaient pas, et que les ennemis refusaient d'accorder que l'armée évacuant
Génes, emportât avec elle plus de 3000 fusils, et 6
pièces de canon.

Il fallait cependant se hâter de prendre un parti ;
car il n'y avait plus aucune distribution à faire le 15 à
midi, et c'est dans cet état de détresse que le 14, vers
six heures du soir, le général Massena donna au citoyen
Morin (2) les pouvoirs extraordinaires d'après lesquels
il se réunit de suite aux conférences, et pour instruc-

(1) Pour n'avoir rien à se reprocher, le général Massena fit encore
partir dans cette journée deux barques destinées à aller charger du
bled en Corse. Il en avait fait partir à différentes reprises ; mais quoique
chèrement payées, aucune n'était revenue ; et néanmoins pendant le
blocus de Gênes, en 1746, il ne se passait pas de jour, qu'à travers
la flotte anglaise il n'arrivât quelques barques ; mais aussi les Génois
avaient alors en mer jusqu'à soixante barques à-la-fois.

(2) Le citoyen Morin, ex-commissaire liquidateur des dépenses
de la guerre, si avantageusement connu par sa *Théorie de l'Adminis-*
tration militaire, (seul ouvrage élémentaire qu'on ait sur cette partie),
était secrétaire particulier du Général en chef. Cette adjonction fut
d'autant plus heureuse pour l'armée, qu'elle mit dans cette opération
si importante un homme qui justifia dans cette circonstance l'idée
avantageuse que l'armée avait de ses talens et de sa capacité.

14

tions ce qui suit : *L'armée évacuera Génes , avec armes et bagages , ou bien elle se fera jour demain par la force des baïonnettes.*

Pendant toute cette journée la ville resta calme ; la publicité des négociations contribua à cette tranquillité ; car les souffrances étaient horribles (1). Tous les traits étaient décomposés , toutes les figures portaient l'empreinte d'une profonde douleur ou d'un sombre désespoir ; les rues retentissaient des cris les plus déchirans ; de tous côtés la mort multipliait ses victimes, et l'épidémie dévastatrice , et la faim dévorante mettant le comble à tant d'horreurs , exerçaient à l'envi des ravages effrayans ; tout enfin dans ces affreux momens semblait tomber en dissolution , et le peuple et l'armée (2).

Relativement à Génes , on ne peut s'empêcher de l'observer ici, la conduite de cette malheureuse ville laisse un grand exemple de résignation (3) ! Qui

(1) Cet état de douleurs produisit même un effet moral qui mérite d'être consacré : cet effet est que le prolongement de maux insupportables, avait fini par isoler tout le monde ; on ne tenait plus les uns aux autres que par l'appréhension de l'avenir, et le besoin de concourir mutuellement à la défense commune : il n'y avait réellement plus d'autres liens que ceux du malheur.

(2) Pendant ce blocus, le jour naissant a souvent éclairé dans Génes d'horribles tableaux..... A différentes reprises, il est arrivé à ces heures de trouver dans les rues, des cadavres entasés, des mères mortes de faim , ayant au sein des enfans morts comme elles ! etc.

(3) Si les Français firent, en 1746, cause commune avec les Génois,

pourra jamais croire, en effet, que cent soixante mille ames, si long - tems en proie à toutes les horreurs de la famine, voyant mourir de besoin un nombre prodigieux de vieillards et d'enfans, réduits à vivre d'herbes, de racines, et d'animaux immondes ou morts de maladie, et malgré le dépérissement évident de leur santé, se soient déterminés à prolonger tant de calamités, plutôt que de tenter une révolte contre une troupe faible par son nombre, mais bien plus faible par son état physique, et pendant que de tous côtés on excitait ce même peuple à profiter de l'anéantissement de l'armée, pour terminer, disait-on, les souffrances de tous (1); effet à jamais remarquable de ce que peuvent sur un peuple les inimitiés nationales, et de ce que produisit dans cette occasion la haine des Génois contre le gouvernement autrichien.

Mais il y a plus à cet égard; c'est que le peuple, sans argent faute de travail, sans alimens à cause du prix excessif du peu de denrée que l'on voyait, réduit à la misère la plus hideuse, et livré à toutes les calamités, n'a jamais enlevé un pain, ni dans les boutiques, ni dans les rues de Génes; et que plus de

---

contre les troupes de l'Autriche et du Piémont, il faut convenir que les habitans de la ville de Génes acquittèrent dans cette occasion la dette contractée par eux sous M. de Boufflers.

(1) Des Français même furent assez scélérats pour partager ce rôle infâme, pour provoquer le massacre de l'armée, et peindre, sous les couleurs les plus noires, la conduite héroïque du Général en chef.

quinze mille ames ont ainsi expiré de besoin à côté
du pain qui aurait (momentanément du moins ,) pu
les arracher au tombeau.

Cependant l'heure de la délivrance avait sonné ;
mais ce ne fut qu'après une discussion de neuf heures,
et dans laquelle les négociateurs français voilèrent par
une contenance froide et assurée, et par une énergie
toujours soutenue, le sentiment profond et douloureux
que l'état dans lequel ils savaient l'armée et la ville, ne
pouvait manquer de faire naître en eux, qu'ils parvinrent à annuller les efforts qu'une politique savante
leur opposa de la part des négociateurs ennemis ; et
qu'ils remplirent les intentions du Général en chef (1).

Cette conférence se termina le 15 à trois heures
du matin , et l'adjudant-général Andrieux, ainsi que
le citoyen Morin , portèrent de suite au Général en

---

(1) Ces négociateurs étaient, pour l'Empereur, le général comte de
Saint-Julien, et le colonel de Best, chef de l'état-major de l'armée du
blocus; et pour le roi d'Angleterre, le capitaine de vaisseau de Bivern.
Ces messieurs semblèrent s'être distribués les rôles. M. de Saint-Julien
paraissait ne devoir entendre à aucun accommodement ; M. de Best
mettait en avant, dans les momens les plus animés , des propositions
propres à amener quelques rapprochemens ; le capitaine anglais disait
non à tout ce que l'on proposait de favorable aux Français.

Pour vaincre les difficultés qu'une régociation conduite de cette
manière, présentait sans cesse, il fallut commencer par distinguer les
nuances qui appartenaient à chacun d'eux. Le reste fut l'ouvrage d'une
patience obstinée , au moyen de laquelle les négociateurs français
obtinrent tout ce que le général Massena avait vainement fait demander
jusqu'alors.

chef, qui les attendait avec l'impatience inséparable de sa position, des conventions qui honoraient et l'armée et un Chef qui avait su les commander par toute sa conduite, et en communiquant à ses délégués la force de son caractère, et la fierté qui lui convenait.

15 *Prairial.*

Dans la conférence dont nous venons de parler, l'on était convenu que de part et d'autre les Chefs des armées se réuniraient le matin pour la clôture des négociations, la signature définitive des articles et l'échange des traités.

Cette disposition fut maintenue, et à neuf heures du matin, l'entrevue eut lieu dans la petite chapelle qui est au milieu du pont de Cornegliano, et qui, par la position respective des armées, se trouvait entre les postes français et autrichiens.

C'est là que se rendirent le général Massena, commandant en chef l'armée française en Italie (accompagné de l'adjudant-général Reille, et de l'Adjudant général Andrieux, du citoyen Morin, et du chef d'escadron Contant, commandant ses gardes), milord Keith, commandant dans la Méditerranée les forces navales combinées, le général Otto, commandant le blocus de Gênes, et le général Saint-Julien, chargé de la partie politique, chacun d'eux suivi de deux ou trois personnes seulement.

Pendant toute cette entrevue, qui allait décider

du sort de tant de braves, le général Massena conserva une fraîcheur d'idées si parfaite, et une gaité si bien soutenue, qu'il fut toujours également fécond et heureux en saillies.

Jamais négociateur ne couvrit plus d'adresse par des formes plus franches et plus naturelles.

Cette aisance parfaite, et qui contrastait d'une manière si particulière avec la gravité des autres contractans, eut pour l'armée l'avantage de persuader à l'ennemi que notre position dans Gênes n'était pas aussi désespérée qu'elle l'était réellement ; et pour le général Massena, celui de lui faire obtenir tout ce qu'il demanda, en même tems qu'elle lui fit jouer et soutenir seul le premier rôle avec des hommes qui, par les circonstances, semblaient, momentanément du moins, appelés à le partager.

Un des moyens par lesquels il parvint au but qu'il s'était proposé, fut d'alimenter la mésintelligence qu'il savait exister (quant aux individus,) entre les Anglais et les Autrichiens (1) ; et c'est ainsi que flattant à propos l'orgueil des uns aux dépens de l'amour-propre des autres (2), il se fortifia des faiblesses de tous.

(1) Il était instruit que, sur la longueur du siége, les Anglais faisaient aux Autrichiens les reproches les plus insultans, autant parce qu'ils croyaient y être fondé, que pour se venger peut-être de ceux qu'ils avaient reçus en 1746 : les Autrichiens en effet n'ont rien fait pour l'évacuation de Gênes.

(2) D'après ce plan, il lui arriva de dire à M. Keith : *Laissez*

Si le peuple de Génes avait soutenu d'une manière héroïque les privations, et toutes les horreurs auxquelles la longueur, et plus encore la rigueur du blocus l'avait réduit, l'histoire n'omettra pas sans doute de faire mention de la chaleur avec laquelle le général Massena traita des intérêts de la Ligurie dans cette conférence. Il fit pour ce peuple tout ce qu'il lui fut possible de faire; et, dans l'intention de plaider plus fortement sa cause, il avait conduit avec lui le citoyen Corvetto, ligurien, homme de loi, ex-ministre de l'Intérieur de la République Ligurienne, d'une grande érudition, et de beaucoup d'esprit (1).

Relativement à l'armée, une seule clause donna lieu ce jour-là à une vive discussion, et manqua

---

arriver un peu de bled à Génes, monsieur l'amiral, et je vous donne ma parole que ces messieurs (montrant les généraux Autrichiens,) n'y mettront jamais les pieds.

Vers la fin de la conférence, il lui dit encore : Milord, si la France et l'Angleterre pouvaient jamais s'entendre, elles gouverneraient le Monde.

(1) Comme le Général en chef insistait vivement sur un point relatif au Gouvernement de la Ligurie, M. le général de Saint-Julien lui objecta les instructions de l'Empereur sur les changemens à y opérer. Ce fut alors que le général Massena lui dit : Eh bien, monsieur, je vous le prédis, vos opérations seront aussi peu solides que leur projet a été prématuré; et je vous donne ma parole d'honneur qu'avant vingt jours je suis devant Génes. — Vous y trouverez, monsieur le général, des hommes auxquels vous avez appris à défendre cette place, répondit avec esprit un des officiers ennemis.

d'annuller en un moment le travail de plusieurs jours
de négociations.

Cette clause fut celle de faire partir huit mille
hommes de nos troupes par terre (1). Le général Otto
voulut même soutenir le refus d'y adhérer..... Mais
le général Massena, reprenant tout-à-coup la fierté
qui convenait à son rôle, à son caractère, et à son
nom, termina cette contestation en rompant tout-à-
coup une conférence, qui cependant était sa dernière
ressource. Ses adieux aux généraux ennemis furent,
*vous ne le voulez pas ? eh bien, messieurs, à de-
main.* Cette fermeté, la manière dont son parti fut
pris, en imposèrent. Il fut rappelé, et l'article
passa (2).

Dans toute cette conférence, le général Massena
eut infiniment à se louer de l'honnêteté de l'amiral
Keith, qui, insistant toujours pour qu'on lui accordât
tout, répétait à chaque instant : *M. le général,
votre défense est trop héroïque pour que l'on puisse
rien vous refuser.* Il lui donna même des marques
toutes particulières de déférence, d'estime et de considération (3).

_____

(1) C'est-à-dire, le nombre exagéré de tout ce qui n'était pas dans
les hôpitaux.

(2) On nous avait bien assuré que le général Massena était vif (dit
alors un officier autrichien); mais nous ne pensions pas qu'il le fût
autant que cela.

(3) Le Général en chef voulait emmener les cinq corsaires français

Mais malgré tout ce que ce traité d'évacuation avait d'honorable, et par le fond, et par les formes que les généraux ennemis y mirent, il ne convenait point au Général en chef, et contrariait ses désirs et ses espérances, ses vœux et ses desseins. Aussi, la possibilité de recevoir encore pendant la journée quelques nouvelles qui changeassent sa situation, le détermina-t-elle à ne le signer que vers la nuit, et après avoir vingt fois répété aux Génois qui remplissaient ses appartemens : *Malheureux, sauvez donc encore votre patrie ! Donnez-moi ou assurez-moi quelques vivres pour quatre ou cinq jours seulement, et je déchire le traité.*

Mais tout était épuisé, le courage des individus et les ressources publiques, et ce traité d'évacuation était le seul moyen qui restât au monde, pour ne pas perdre avec Gênes, que rien ne pouvait plus sauver,

---

qui se trouvaient à Gênes, et contre cette demande, le vice-amiral Keith alléguait les dispositions d'un bill *que vous n'êtes pas tenu de connaître*, disait-il au général Massena ; *mais que je dois respecter : d'ailleurs, monsieur le général*, ajouta-t-il, *nous avons, vous le savez, un parlement et deux partis en Angleterre.* Ces raison étaient trop bonnes pour être combattues par des raisons, et le général Massena le sentit ; mais reprenant le ton de la plaisanterie..... *Monsieur l'amiral*, lui dit-il, *quelle satisfaction la prise de quelques chetifs corsaires peut-elle ajouter pour vous à la prise de Gênes, qui est votre ouvrage..... Allons, milord, après nous avoir enlevé tous les gros, c'est bien le moins que vous me laissiez les petits. Eh bien, monsieur le général*, répliqua l'amiral Keith en riant, *n'en parlons plus.*

les débris des corps qui l'avaient défendue d'une manière si étonnante.

Enfin, à sept heures du soir, le général Massena
signa le traité, tel qu'il avait été arrêté le matin, et
l'on se donna réciproquement des ôtages.

Le 15 au soir, la porte de la Lanterne fut occupée
par deux bataillons hongrois.

Le chef d'escadron Burthe, alors convalescent des
blessures reçues le 20 germinal, à Varraggio, fut
chargé de porter au premier Consul les drapeaux pris
par l'armée.

Une partie de la nuit du 15 au 16 fut employée
à délivrer des passe-ports à tous les réfugiés et patriotes italiens.

Le 16, avant le jour, le chef de bataillon Gra-
ziani, chargé par le général Massena de porter au
premier Consul copie du traité d'évacuation, partit
de Gênes à cet effet (1).

Le 16, à la pointe du jour, tout le quartier-
général partit pour Antibes, sur cinq corsaires
français.

La division Gazan se rendit le même jour à
Voltry (2).

---

(1) Il avait été convenu que cet officier traverserait le Piémont pour
arriver plus vîte, et que le général Otto lui ferait donner à cet effet
toutes les facilités.

(2) Les militaires en état d'embrasser l'ensemble d'une grande opération, et de sentir les rapprochemens qu'elle présente, ne pourront

L'embarquement des troupes du général Miolis commença et continua les 17, 18, 19, etc.

L'évacuation des hôpitaux fut plus lente, mais se fit de même avec ordre.

Le général Miolis, et l'état-major de l'armée ne quittèrent Gênes que le 28 (1).

Telle fut la fin de ce blocus à jamais mémorable.

L'histoire des guerres de la Révolution n'offre pas en effet de lutte plus glorieuse. Eh ! qui ne voit que, dans cette lutte, tout militait en faveur de l'ennemi, auquel nos troupes n'avaient eu à opposer qu'un courage invincible ? Vérité sur laquelle la série des faits que nous venons de parcourir, ne peut laisser aucun doute ; vérité qui est reconnue et avouée par les amis et les ennemis de la gloire française, par ceux qu'elle console et qu'elle honore, comme par ceux qu'elle doit le plus humilier ; vérité qui est également évidente,

_____

se lasser d'approfondir tout ce qui tient au blocus de Gênes, et à ce début de notre campagne en Italie. Ces rapprochemens offrent en effet des détails infiniment précieux.

Par exemple, les Autrichiens évacuaient toute la rivière du Ponent, pendant que les Français évacuaient Gênes. La division Gazan passa au milieu d'un ennemi en déroute. De tous côtés l'on était battant et battu ; jamais armées ne furent plus mêlées, et leur fortune plus singulière.

(1) A bien examiner les conditions du traité d'évacuation, il semble que les ennemis aient cherché à se montrer dignes des avantages que les malheurs de notre situation leur procurait sur nous, et qu'ils n'obtinrent en effet que lorsque nous ne pûmes plus combattre.

soit que nous nous rappellions la situation des deux armées avant le blocus, soit que nous les examinions pendant le blocus méme (*P*).

Et qu'y a-t-il de plus remarquable et de plus glorieux que ce qui tient à ce blocus ? Qui pourra jamais le citer sans que l'orgueil national en soit flatté ; se rappeler sans une noble satisfaction d'en avoir partagé les travaux, et y penser sans étonnement ?

Menacé d'étre assailli par des forces totalement supérieures aux siennes, le général Massena, après avoir prévenu le Gouvernement de tout, ose (en sacrifiant tout ce qui le concerne personnellement), attendre l'ennemi dans ses positions.

Il y est attaqué, et, ainsi que cela ne pouvait manquer d'arriver, forcé sur tous les points.

Mais bientôt il reprend l'offensive, et non content de battre l'ennemi sous les murs de Génes, il va avec huit ou neuf mille hommes débiles, jusqu'aux portes de Savone, disputer la victoire à plus de trente mille hommes, choisis dans la plus belle armée du monde, et tient campagne pendant quinze jours : les braves qu'il commande tuent ou blessent plus de huit mille hommes à l'ennemi ; se reploient autour de Génes, sans que M. de Mélas parvienne à les couper ; ramènent plus de six mille prisonniers, et y rapportent entr'autres dépouilles sept drapeaux, et cinq pièces de canon, gages de leur victoire.

Tandis que des détails d'administration et de gouvernement absorbent ensuite le Général en chef, et
que par des travaux pénibles il se crée des ressources
en tous genres, l'ennemi, qui regarde son inaction
comme une preuve de la faiblesse de ses troupes,
vient l'attaquer de nouveau (1); et semblable au vol-
can, dont les irruptions soudaines portent la flamme
et la mort dans tous les lieux qui l'avoisinent, cette
poignée de héros, se rappelant son audace indomptée,
multiplie encore ses victoires, lorsqu'elle semble réduite à une simple défensive, repousse l'ennemi par-
tout où il se présente, l'attaque encore (2), le force
à chercher sa sûreté derrière de nombreux retranchemens (3); le bat par-tout où elle peut le combattre,

(1) Le 3 floréal à Saint-Pierre d'Arena, et le 10 floréal sur tous
les points.

(2) Affaire des 12, 21, 23 floréal, et 8 prairial.

(3) Il se présente ici une observation qui mérite d'être recueillie.
C'est que dans le blocus de Gênes, les vainqueurs sont les seuls pour
lesquels il n'y ait rien eu d'honorable. En effet, vu les forces avec lesquelles ils agissaient, il n'y a point eu de mérite pour les Autrichiens
à couper notre ligne et à nous enfermer dans Gênes : ce résultat n'est
rien pour leur gloire, tandis que leurs pertes sont tout pour leur honte.
L'on peut même ajouter que si, dans les dernières affaires, l'avantage
a été moins prononcé en notre faveur, c'est que la position des ennemis, les ouvrages dont ils avaient couvert leurs postes et les pièces dont
ils les avaient hérissés, valaient mieux que leurs troupes.

Quant aux Anglais, s'ils se glorifient jamais de leur promenade
devant Gênes, on pourra leur citer ce vers si connu :

A vaincre sans péril, on triomphe sans gloire.

ou du moins lui fait éprouver, à différentes reprises, des pertes énormes, et force de cette manière, à l'étonnement et à l'admiration, les ennemis les plus acharnés du nom français, de la cause de la liberté, et de la gloire de la République (1). Qui pouvait jamais rien attendre de semblable de ces tristes débis de l'armée d'Italie ? Qui aurait cru que, malgré la disproportion la plus marquée des moyens et des forces, ces malheureux soldats, sans pain et sans argent, sans habits et sans chaussure, souvent sans munitions, à la fin presque sans chefs, n'ayant plus au monde que le sentiment de l'honneur national, aient encore été en état de soutenir plus de soixante - dix combats ou batailles, aient détruit à l'ennemi près de deux fois plus de monde qu'ils n'étaient de combattans; lui aient pris plus d'hommes qu'ils n'en avaient eu à lui opposer; l'aient souvent combattu avec ses propres cartouches (2); aient subsisté de son pain;

(1) On voit, par ce rapprochement à quelle diversion puissante cette défense offensive de Gênes, (si cette expression peut être admise), força l'armée impériale, et combien elle dût favoriser toutes les opérations de l'armée de Réserve, à la tête de laquelle le général Berthier descendait alors victorieusement les Alpes, et celles du centre de l'armée d'Italie, commandée par le général Suchet.

Il est en effet reconnu que par cette suite non interrompue de combats si sanglans, M. de Mélas fut à plusieurs reprises obligé de rafraîchir et de renforcer les troupes du blocus, et de tenir constamment ses hommes d'élite autour de Gênes.

(2) Nous étions à proportion presqu'aussi pauvres en munitions qu'en

aient contenu, au milieu de tous ces événemens, unè
population de plus de cent soixante mille ames (1);
aient défendu par terre et par mer une ville dans laquelle il faut, suivant les règles, vingt mille hommes
de garnison, et devant laquelle les Autrichiens n'ont
jamais eu moins de vingt-cinq mille hommes de leurs
meilleures troupes (2); aient vécu d'une nourriture

---

subsistances. Au moment où nous fûmes bloqués, la crainte de manquer
de poudre fut une de celles qui occupèrent le plus le Général en chef. On
travailla de suite à en fabriquer, mais on ne put en faire pendant le blocus
que 12,000 liv.; lors de l'évacuation, il ne restait pas dans les arsenaux
4000 livres de poudre, celle avariée y comprise, et cela pour le service
de l'artillerie, de l'infanterie, et des pièces des côtes (les plus approvisionnées de toutes), qui pourtant ne l'étaient pas à dix coups chacune.
Si l'on songe que chaque nuit de bombardement nous coûtait près de
deux milliers de poudre, on sentira que si l'ennemi avait connu notre
disette, quant à cet objet, il pouvait en deux jours épuiser toutes nos
munitions.

(1) Gênes offre une population de 100 à 120,000 ames, Albaro,
Saint-Martin, Bisagno, Saint-Pierre d'Arena, Casteletto, la Madona-
del-Monte, tous les autres villages compris dans son enceinte, et les
nombreux individus qui de toute la Ligurie, par raison d'opinion ou de
crainte s'étaient réfugiés à Gênes lors de la reprise des hostilités, ajou-
taient à ce premier nombre celui de 40 à 60,000 personnes.

(2) Non-seulement la ville de Gênes fût préservée d'une attaque de
vive force tant de fois annoncée, non-seulement le peuple fut contenu,
mais même toutes les approches de la place furent constamment défen-
dues; et il fallut pour cela un triple effort, celui de résister à l'ennemi, celui de supporter la misère, et celui de la faire supporter à
une population de 160,000 ames. Il est vrai qu'à la fin du blocus,
l'excès du mal rendit ce dernier effort peu pénible. Ce malheureux

que les chiens refusaient ; aient supporté dans cet état soixante jours de blocus, quarante - cinq jours de siége, quinze jours de marches continuelles dans les rochers les plus difficiles, et sur les montagnes les plus escarpées ; et sans compter tous les jours de combats qui les ont suivis, toutes les nuits de bombardement, la famine plus terrible que tous ces maux, et la misère accablante qui y mettait le comble ? Mais aussi quelles pertes de la part de l'armée ! que d'efforts inouis ! et quel fut le prix de tant de gloire (1)! Le lieutenant- général Soult fut blessé et pris. De trois généraux de division, un mourut de l'épidémie (le général Marbot), et un fut blessé (le général Gazan). De six généraux de brigade, quatre furent blessés (Gardanne, Petitot, Fressinet, et Darnaud). De douze adjudans - généraux, six furent blessés (Cerisa, Mathis, Hector, Reille, Gautier (2), et Noël

peuple, par les effets de la famine, des épidémies, et de toutes les calamités que peuvent engendrer les guerres les plus cruelles, était réduit à un état d'anéantissement tel, que la force physique nécessaire pour une insurrection n'existait réellement plus.

(1) Les ravages de cette misère ne se sont pas bornés aux braves que nous avons perdus à Gênes même. Pendant plusieurs mois chaque jour a ajouté parmi nos troupes de nouvelles victimes à celles que les maladies nous avoient déjà enlevés, et la moindre fatigue en a conduit dans les hôpitaux un nombre d'autant plus grand, qu'il a été impossible d'empêcher que l'intempérance ne suivit de si longues et de si cruelles privations. Quant aux habitans, il en est mort après l'évacuation, près de cent par jour pendant trois mois.

(2) Pour donner une idée de la blessure de l'adjudant-général Gautier,

Huart);

Huart); un fut blessé et pris (Campana) (1); un fut
tué (Fantuci) : les officiers d'état-major et aides-de-
camp furent aussi cruellement traités ; deux d'entre
eux furent tués, sept pris, et quatorze blessés, parmi
lesquels plusieurs le furent deux fois : le capitaine
Marceau (frère de feu le général de ce nom,) le fut
en trois affaires différentes, trois fois en trente-un
jours. Le chef de bataillon Lavilette, employé auprès
du général Miolis, le fut, en un seul jour, trois fois,
outre deux autres fois pendant le même blocus. Onze
chefs de corps, sur dix-sept, furent blessés, tués, ou
pris. Les trois quarts des officiers des corps le furent

---

nous dirons que la balle qu'il reçut entra par l'épaule droite, traversa
l'épine du dos, et vint se loger dans les ossemens de l'épaule gauche.
Pendant 14 jours et 14 nuits l'hémorragie continua, et cela quoique des
hommes fussent occupés sans cesse à tâcher de l'arrêter par la pression de
leurs mains. L'adjudant-général Gautier perdit pendant ce tems à-peu-
près trente-six pintes de sang ; les deux derniers jours que dura l'hémorragie, son sang ne tachait plus son linge ; souvent ce qui servait à laver
ses plaies, coulait jusque dans ses reins.

Telle est une des cures du citoyen Vernet.

(1) Officier que sa valeur et sa capacité distinguent également, et l'un
de ceux qui embarrassent le plus l'écrivain, par le nombre de faits
honorables que leur carrière militaire pourrait offrir à sa plume.

De ce nombre nous nommerons encore le capitaine Demangeot, aide-
de-camp du général Oudinot. Les 21 et 25 germinal, cet officier se
couvrit d'honneur par la valeur qu'il déploya, et l'adresse avec laquelle,
dans la seconde de ces journées, il poussa à plus d'un quart de lieue
derrière la ligne de l'ennemi, une reconnaissance que le général en chef
l'avait chargé de faire.

15

également (1), ainsi que cinq à six mille combattans sur douze mille.

Et si l'on défalque encore près de deux mille hommes qui, par leur épuisement et leur dépérissement, étaient hors d'état de faire leur service, on ne trouvera plus dans dix-sept demi-brigades que trois à quatre mille hommes en état de se battre, la veille du jour de la convention d'évacuation (2) : nous disons la veille, parce que le jour même, les troupes, n'ayant reçu dans la distribution, qui ne laissa rien dans aucun magasin ni dans aucun four, que deux

---

(1) Rien n'est plus digne d'éloge et d'admiration, que la conduite des officiers des corps dans ce blocus ; pénétrés de la nécessité de commander par leur exemple, les sacrifices, et les efforts que les circonstances rendaient indispensables, ils se dévouèrent de la manière la plus honorable. Un exemple suffira pour prouver cette vérité. De quatre-vingt-dix-sept officiers qui au commencement du blocus se trouvaient dans la 2ᵉ de ligne, il n'y en eut que deux qui ne furent point blessés. La première cause de cet héroïsme fut sans doute la valeur nationale ; mais ce qui ne dut pas manquer d'y contribuer beaucoup, ce fut le rare mérite des chefs de presque tous les corps, qui avaient en eux d'inappréciables trésors..... Comment ne pas consigner ici cette vérité, et ne pas nommer à l'appui de cette assertion les citoyens Wouillemont, chef de la 73ᵉ ; Cassagne, chef de la 3ᵉ légère ; Mouton, chef de la 3ᵉ de ligne ; Godinot, chef de la 25ᵉ légère ; Perin, chef de la 2ᵉ de ligne ; Brun, chef de la 8ᵉ légère, etc.?

(2) Dans ces trois ou quatre mille combattans, un grand nombre avait encore, à raison de leur faiblesse, l'autorisation de faire faction assis, et avaient besoin qu'on les aidât à arriver jusqu'au lieu de leur faction. Or, que pouvait être, dans cet état sur-tout, cette poignée d'hommes pour une défense comme celle de Gênes ? On peut se rappeler à cet

onces de l'espèce de pain qu'on leur donnait, il est facile de concevoir qu'elles étaient hors d'état de faire une marche, ou seulement de suffire à aucun mouvement (1).

Après tant d'efforts, de constance, que peut-il manquer à la gloire de cette armée et de son chef? Rien, si ce n'est d'avoir eu un succès digne de l'un et de l'autre.

C'est à quoi la fermeté du général Massena sut encore suppléer, lorsqu'il n'avait plus pour la soutenir que la force de son caractère.

C'est par elle qu'il en imposa à l'ennemi, au point de ne pas permettre que le mot de *capitulation* fût seulement employé dans la rédaction du traité d'évacuation de Gênes. C'est par elle qu'il obtint des con-

---

égard que sous le commandement de M. de Boufflers, 18,000 hommes n'ayant pas paru suffisans pour la garde journalière des seuls ouvrages de la place de Gênes, le Sénat rendit un décret par lequel il fut enjoint aux porteurs de chaises, et à tout domestique en âge de porter les armes, de les prendre aussitôt. Il n'y eut, ajoute Bonamici, pas un maître qui n'offrît ses gens, pas un domestique qui refusât d'obéir.

(1) Les rues et les places étaient ce jour-là pleines de soldats couchés, et qui n'avaient pas la force de se relever. Aussi étions-nous perdus si l'ennemi (ainsi qu'il en avait reçu l'ordre,) avait ce jour là levé le blocus : notre détresse était telle, que dans cette dernière supposition, nous aurions été obligés de capituler avec les Anglais, pour ne pas mourir de faim ; les environs de Gênes n'offraient aucune espèce de ressources, et nous ne pouvions plus être sauvés, c'est-à-dire, nourris que par l'ennemi. Ainsi, débloquer Gênes n'était plus rien, si l'on ne pouvait en même tems le ravitailler, ou du moins substanter l'armée.

ditions tellement honorables, qu'elles sont jusqu'à présent sans exemple (1); qu'il dicta des lois aux vainqueurs (2); qu'il changea une défaite en un triomphe; et qu'ainsi qu'un officier autrichien l'observa avec tout Génes, ce fut l'ennemi qui eut l'air de capituler avec lui.

Présentons par un mot le résumé de tout ce qui précède : ce mot consiste à dire que pendant soixante jours, le général Massena a fait, presque sans troupes, la guerre à toute une armée, s'est battu souvent sans munitions, a suffi sans fonds à d'inévitables dépenses, et a nourri l'armée sans magasins.

Ce rapprochement nous offre, pour ainsi dire, tout ce qui tient au blocus de Génes; tout, excepté la gloire des braves qui s'y sont immortalisés.

---

(1) Deux petites républiques (la Suisse et la Ligurie) ont été pour le général Massena, les théâtres d'une grande gloire.

Dans la première, il soutint à lui seul toute la République française, et la sauva par ses victoires. Combien n'a-t-il pas contribué dans la deuxième aux résultats des opérations de cette campagne toute magique !

(2) Voyez les articles X et XI, etc. de la négociation.

NOTES

Indiquées par des Lettres.

(*A.*) Tout concourut à fournir à l'ennemi les plus grands et les plus exacts renseignemens sur notre position.

1°. Une partie des Gênois riches, qui, perdant par notre présence leur commerce, leurs titres, et leur rang, favorisaient de tous leurs moyens, notre expulsion de leur territoire.

2°. La démoralisation d'une partie de nos troupes, l'un des tristes fruits de leur extrême misère, et au moyen de laquelle quelques-unes vendaient tout, jusqu'à leurs consignes les plus importantes.

3°. Les intelligences de l'ennemi dans notre armée, intelligences qui, par le moyen de faux réfugiés italiens, étaient aussi fréquentes qu'ils le voulaient.

4°. Le général Assereto, qui était dans l'armée française l'un des espions dont l'ennemi se servait avec le plus de succès. La manière dont sa trahison fut découverte forme une anecdote qui trouve ici sa place.

La citoyenne Pénalis, italienne, épouse du cit. Leroux, employé à la trésorerie de l'armée, se rendait, d'après un passe-port du ministre d'Espagne, à Milan, où des affaires de famille l'appelaient, lorsqu'à Novi elle reconnut au milieu des ennemis le soi-disant chef de bataillon la Potterie, aide-de-camp du général Assereto, coîffé d'un casque autrichien, et venant de parcourir, avec le général Bussy, toute la ligne des avant-postes. Assereto (que par parenthèse tout le monde qualifiait à l'armée autrichienne du titre de *chevalier*), se voyant découvert, sollicita de suite du général Bussy l'arrestation de la citoyenne Leroux, qui en effet fut gardée à vue, en attendant l'ordre que le général Bussy demanda aussi-tôt au général Mélas, pour l'envoyer dans la citadelle de Céva, afin de la mettre hors d'état de révéler le secret que le hasard venait de lui découvrir. Le deuxième jour de son arrestation, le tems fut affreux, et la nuit qui le suivit, noire et pluvieuse. Cette circonstance rendit les gardiens de la citoyenne Leroux moins surveillans, et lui fournit l'idée de leur échapper. Sa croisée fut le passage que malgré son élévation, elle choisit à cet effet : en moins de deux heures, ses rideaux et ses draps transformés en cordages, la descendirent dans la rue. Là, un malheureux lui fournit, pour de l'argent, le travestissement nécessaire à son entreprise, et un guide, avec lequel elle se rendit, à travers les montagnes, à Gênes, où elle arriva le 9 ventôse au soir.

Sur son rapport, le Général en chef adressa, dans la nuit même, au général Marbot à Savonne, l'ordre d'y faire arrêter Assereto, la Potterie, et les autres personnes employées auprès de lui. Cet ordre fut exécuté le 10 : on ne trouva qu'Assereto et son secrétaire. Ce dernier fut relâché au bout de quelques jours : le premier, sous le prétexte d'un besoin, et à la faveur de l'obscurité, s'échappa le 29 ventôse à Allazio, pendant que, d'après un nouvel ordre du général Massena, on le transférait au château quarré d'Antibes. Il trompa de cette manière la surveillance d'un officier d'état-major chargé de le conduire, et du détachement chargé de l'escorter.

(B.) Mais, si par des soins infinis, par le zèle des chefs, par une juste sévérité et par la surveillance la plus active, l'on parvint à contenir les troupes et à resserrer les liens de la discipline, il ne fut pas possible de même de leur rendre de suite cette moralité, que l'excès et la durée de leurs souffrances leur avaient en partie fait perdre, et que le tems, à la suite d'un changement total dans leur situation, pouvait seul rétablir.

Quels que soient les détails que l'on recueille sur l'état physique et moral de cette armée, on ne pourra avoir une idée de ce qu'elle était, si l'on n'a été placé de manière à être le témoin oculaire des faits dont nous parlons, et que rien ne peut rendre avec toute la force de la vérité.

Nous ajouterons seulement un mot à ce qui précède. Ce mot, qui renferme une idée que nous avons déjà indiquée dans cet ouvrage, est que, selon nous, c'est au défaut de régularité dans le paiement de la solde de ces troupes, et à la manière dont elles ont été payées, que tous ces désordres doivent être attribués, ainsi que tous ceux qui la plupart du tems désorganisent les armées.

Le premier mal vient dans ce cas, du défaut de paiement de la solde, et le deuxième du paiement de trop fortes masses. Le manque total d'argent nuit autant dans une armée que sa trop grande abondance. La misère y fait commettre autant d'excès que la facilité d'être prodigue. Cette vérité est aussi constante au physique qu'au moral. Le défaut de solde autorise parmi les soldats l'indiscipline et l'insubordination, sous le prétexte des privations : le trop d'argent est dans leurs mains plus dangereux que des armes dans celles d'un enfant ou d'un insensé. Si chaque jour on pouvait remettre son prêt à chaque soldat, il le consacreroit tout entier à ses besoins, parce qu'il n'en aurait jamais assez pour faire des sottises; mais, si après une attente pendant laquelle il s'est familiarisé avec tous les moyens d'y suppléer, vous lui donnez le salaire de plusieurs mois, vous le mettez évidemment à même de se livrer à toutes les débauches auxquelles ses gains illicites l'ont accoutumées, et cela quand ce ne seroit que pour dépenser avec profusion et pour des objets condamnables, un argent auquel il tient d'autant moins, qu'il sait et s'en passer et le remplacer. La conclusion de tout ceci est donc : *Malheur à l'armée dans laquelle les troupes ne recevront pas leur solde d'une manière réglée.*

(*C.*) Malgré tout ce qu'il a fait pour avoir des subsistances, et pour en assurer l'arrivée, il croit toujours n'avoir pas assez fait. Sur la nouvelle que les corsaires ennemis se multiplient, il invite, de la manière la plus instante, le général Vence, commandant des armes, et le citoyen Bertin, ordonnateur de la marine à Toulon, de faire armer de suite douze petits bâtimens, pour concourir, avec les armemens ordonnés par lui, à secourir l'armée et la Ligurie, en les mettant à même l'une et l'autre d'être nourries et approvisionnées.

Il a encore recours à un autre expédient du même genre. Il savait qu'il y avait en Corse des corsaires non revêtus de lettres de marque; il en promet à tous ceux d'entr'eux qui protégeront l'arrivage de quelques subsistances, ou qui en apporteront eux-mêmes à Gênes. Pour multiplier ses ressources, il fait promettre des primes à ceux qui les premiers apporteront des grains. Il accorde toute sûreté et protection aux négocians, qui, par le moyen d'un double pavillon, tentent de faire venir des grains de Livourne, de la Sardaigne, ou du Levant.

Il envoie, sur un des corsaires de l'armée, son aide-de-camp, le chef d'escadron Drouin, au général Dambert, commandant en Corse, afin de faire expédier pour Gênes tous les bleds qui se trouveraient dans l'île de Caprara et de Corse, et qui excéderaient les approvisionnemens nécessaires à ces deux îles.

(*D.*) En se rendant à Gênes, le général Massena n'avait voulu y rester que peu de jours : son quartier-général avait été placé en conséquence à Albissola. Mais les besoins sans cesse renaissans d'une armée entièrement délabrée; l'influence qu'il avait acquise sur le Gouvernement ligurien; les secours qu'il en tirait continuellement pour les troupes; le nombre et le choix de celles qui se trouvaient rassemblées à l'aile droite, et qui formaient la grande moitié des forces de toute l'armée; outre cela, l'effet utile de sa présence sur les troupes, les Génois, et même l'ennemi; sa confiance dans la capacité du général Suchet, commandant le centre, qui d'ailleurs n'était pas de cinq mille combattans; la bonté de la ligne que les troupes occupaient dans cette partie; la crainte que l'insurrection des campagnes ne gagnât Gênes, et enfin la suite non interrompue de ses travaux administratifs et financiers, le retinrent à Gênes de jour en jour, et ne lui laissèrent pas, malgré tous ses efforts, la possibilité d'arriver à un résultat qui lui permît de s'en éloigner, si ce n'est pour des tournées et des reconnaissances, c'est-à-dire, très-momentanément. Ces premiers objets fixaient d'autant plus son attention, qu'il prévoyait que la misère et la famine seraient, malgré la faiblesse de l'armée et tous les dangers de sa position militaire, les plus puissans ennemis qu'elle dût avoir à redouter.

Ceci me semble répondre en même temps et d'une manière satisfaisante, aux militaires qui ont pensé que le général Massena aurait dû évacuer la rivière du Levant, et même Gênes, pour couvrir la France, lorsque l'ennemi fut prêt d'entrer en campagne. Mais en renonçant même ici à toute discussion purement militaire, que ne pourrait-on pas ajouter aux considérations que nous venons de présenter pour justifier sa conduite dans cette occasion si importante et si difficile?..... Qui ne sent pas en effet 1º. que dans l'état où étaient les troupes, elles étaient beaucoup plus redoutables en défendant les murs ou les approches de Gênes qu'en rase campagne; 2º. que l'occupation de cette place suffisait pour empêcher l'ennemi d'exécuter sérieusement son projet d'envahir nos provinces méridionales, (M. de Mélas étant trop prudent pour laisser jamais le général Massena sur ses derrières); 3º. que l'occupation de Gênes empêchait les progrès de l'insurrection fomentée contre nous dans toute la Ligurie et le Piémont, et calmait les habitans de Gênes, qui craignaient d'être abandonnés; 4º. que la ville de Gênes nourrissait l'armée, qui, dans cette saison sur-tout, n'eut trouvé que la mort sur les monts liguriens; 5º. que son port seul pouvait offrir un abri sûr pour les arrivages; 6º. qu'évacuer Gênes, c'étoit achever de décourager et d'abattre nos soldats, chez lesquels les impressions morales sont tout, et qui alors n'étaient pas en état de supporter l'idée d'une retraite; et 7°. enfin, qu'abandonner Gênes aux ennemis, c'était achever de leur livrer l'Italie, et leur fournir tous les moyens d'approvisionnement qui pouvaient être nécessaires à leur armée active : aussi sans même juger d'après l'événement, nous ne craindrions pas d'en appeler sur ce point à tous les militaires qui ont les connaissances nécessaires pour asseoir dans cette question une opinion raisonnée. Nous finirons cette longue note par une réflexion : malheur aux hommes publics dont les actions se jugent d'après la théorie de ceux qui n'ont pas la pratique des grandes places, et qui ignorent par conséquent combien dans le nombre des affaires, la conduite d'un chef est, par le concours des circonstances imprévues, une suite continuelle d'exceptions aux règles générales, et même de changemens aux plans adoptés par lui.

(*E.*) Il est à cet égard une anecdote qui nous mériteroit un juste reproche, si nous l'omettions.

L'armée était à cette époque dans un véritable état de détresse ; au milieu des besoins de toute espèce, touchant à sa dissolution totale, et dans une situation telle qu'aucune expression, aucune image ne peut la rendre, et qu'on ne pouvait la comparer qu'à la sollicitude de son chef.

La mort étoit réellement sur toutes les figures, l'abattement dans toutes les ames, le dégoût et le découragement dans tous les esprits.

Le général Massena avait particulièrement depuis dix jours la douleur empreinte sur le visage ; il avait perdu le sommeil et l'apétit, dans cette lutte continuelle du zèle contre l'impuissance ; ses traits étaient altérés, et tout faisait craindre avec raison que la force de son tempéramment ne le préservât plus long-tems des effets d'un état de crise aussi violent.

Enfin, réuni avec l'ordonnateur en chef chez les citoyens Lafleche et Guyot la Pomeraye, il tentait sa dernière ressource, en travaillant à faire former à cette maison de commerce l'entreprise en question. Mais vainement le Général en chef et l'Ordonnateur offraient toutes les garanties qui pouvaient dépendre d'eux, que pouvaient des promesses ? l'armée était sans crédit, et malgré tous leurs efforts ils n'obtenaient rien.

C'est dans ce moment, que cédant tous deux à un élan généreux, ils firent chacun, de leur propre fortune et en lettres de change, une avance de 100,000 fr. à ces négocians, et les déterminèrent ainsi à se charger d'une opération tellement importante dans le moment, que le salut de Gênes et la conservation de l'armée y étaient liés.

Le général Soult, le général Oudinot, et quelques autres militaires, instruits de l'objet de cette négociation et de son urgence, en attendaient le résultat avec l'inquiétude la plus vive, dans le cabinet du Général en chef.

Au moment où il y rentra, tous coururent au devant de lui, et l'interrogèrent d'un regard curieux. *Mes amis*, leur dit-il en les appercevant, *félicitez-moi, je viens d'engager le pain de mes enfans, mais j'en ai donné pour quarante jours à l'armée.*

L'émotion était générale ; chacun regrettait de n'avoir pas été appelé à partager, selon ses moyens, cet acte de dévouement ; chacun offrait d'y concourir ; on se regardait, on se serrait les mains, et pendant un silence bien éloquent, dans l'épanchement d'une sensibilité touchante, on riait en répandant des larmes, les seules douces que l'on avait alors depuis long-tems versées dans cette armée.

(*F.*) La ville de Gênes, située sur le bord de la mer, est bâtie en amphithéâtre, sur le penchant d'une montagne, dont la base occupe une étendue d'environ quatre milles d'Italie, *et qui sépare la Ligurie en deux parties à-peu-*

près égales. Elle est entre les torrens de la Polcevera et du Bisagno, qui donnent ou doivent leurs noms à deux vallées à-peu-près parallèles, par lesquelles on arrive à *la haute crête* des Appenins.

Cette ville est fermée par deux enceintes de fortifications; l'une intérieure, occupe la moitié de la montagne sur le penchant de laquelle Gênes est bâtie; et l'autre extérieure, renferme la totalité de la montagne, et forme un angle exact, dont la mer est la base. Les deux côtés de ce même triangle s'élèvent sur des escarpemens qui regardent les deux vallées dont je viens de parler, et forment un angle aigu, sur la sommité de la montagne; *l'ouvrage qui le couvre se nomme l'Eperon, à cause de la figure que forme l'ensemble de cette double enceinte.* Il part de cette sommité une crête en dos d'âne, qui déverse par des escarpemens très-difficiles, situés à sa droite et à sa gauche, sur les deux torrens. Du côté opposé à celui par lequel elle tient à la ville, elle déverse sur une espèce de col par lequel se fait la communication des deux vallées de la Polcevera et du Bisagno. *C'est entre l'Eperon et ce col, que se trouve la position des Deux-Frères, c'est-à-dire, deux pointes qui coupent cette crête et la commandent, et le Mont-Isolé, sur lequel est bâtie le fort Diamant.* Au delà de ce col, la crête recommence et se prolonge en s'élevant jusqu'à la sommité des Appenins. *C'est sur la gauche du Bisagno que se trouvent les forts de Quezzi, de Ste-Tecle, et de Richelieu, qui défendent les approches de la Madona-del-Monte, et d'Albaro.*

Le terrain sur lequel les fortifications de Gênes se trouvent tracées, a été parfaitement saisi; les flancs et les vues y sont multipliés avec une connaissance exacte des sites bisarres qui l'environnent. Le rempart est d'une largeur prodigieuse, ce qui le rend susceptible de toutes les sortes d'ouvrages qui peuvent ajouter à sa défense.

(*Essai hist. et polit. de l'état de Gênes,* p. 20 et 21).

Nota. Les mots et phrases en caractère italique sont ajoutés au texte de l'ouvrage cité.

(*G.*) NOTICE *sur la défense de Gênes, approuvée par*
le général en chef Massena, et donnée au moment
de son départ, le 19 *germinal, au général Miolis.*

Les procédés à employer en général pour la défense de
Gênes, doivent varier comme la force des troupes qui y
sont appliquées, comme la nature des positions respectives
occupées par les armées opposées, et comme les probabilités
sur la plus ou moins grande proximité des secours.

Dans cette circonstance, les troupes employées à couvrir
cette place, reçoivent une augmentation de force par l'effet
moral de la victoire du 17 courant, en ce qu'on peut se dispenser, pendant la durée de cet effet moral, d'employer,
contre la population de la ville et de la campagne, une partie
de ses forces, et les laisser presque toutes aux manœuvres
tendantes à repousser l'ennemi qui tient la campagne.

Les circonstances de l'attaque des positions de l'ennemi
par le gros de l'armée, et la proximité de son retour, déter-
minent la nature de la résistance que doit opposer en ce
moment la place de Gênes. Ce n'est plus une place bloquée,
livrée à elle-même, et qu'il faut défendre sans espoir de secours : c'est la droite de l'armée parfaitement retranchée,
qui, en se tenant en mesure, donne le tems à sa gauche et
à son centre de se mouvoir, et de se livrer avec sécurité à
toute l'énergie d'une entreprise décisive. Le terme de huit
à dix jours, qui est à-peu-près le maximum de tems nécessaire à cette opération, est bien au-dessous de celui de la résistance que la place peut opposer, quand même l'ennemi
serait en mesure de faire les opérations d'un siége. Quelle
progression n'apporte pas à la durée de la défense présumée,
la considération que l'on n'aura à faire ici qu'à une très-
petite partie de l'armée autrichienne, dépourvue de moyens
de siége, moyens qui, malgré la possibilité de se procurer
de la flotte anglaise une certaine quantité d'artillerie, seraient
trop longs à réunir, et plus difficiles encore à employer ?

Toutes ces considérations, propres à inspirer la plus grande sécurité au corps de troupes qui défendra Gênes, doivent servir à régler toutes les parties de la défense.

La nature du terrain divise cette défense en deux parties distinctes, et séparées par le cours du Bisagno.

La gauche s'étend depuis le fort de l'Eperon jusqu'à l'extrémité du contre-fort détaché des Deux-Frères, et qui va se perdre près de Teglia vers la Polcevera; elle passe par la crête des Deux-Frères, et est couverte par la Pointe Isolée du fort du Diamant.

Si le nombre des troupes disponibles pour la défense ne permettait pas d'appuyer cette gauche sur Teglia, on pourrait prendre le contre-fort en arrière. Il a moins de développement, il est d'un accès plus difficile, tient à la même position, et la concentre davantage.

Le fort du Diamant doit être défendu avec énergie, et pour cela, il faut une garnison exercée, un bon commandant, et toujours des vivres, et des munitions pour trois jours.

Le fort de l'Eperon, qui est la clef de la place de ce côté, doit, dans tous les cas, et sur-tout dans celui d'un abandon momentané de la position des Deux-Frères, être couvert par un corps de troupes qui puissent défendre, avec facilité, et sous la protection du fort de l'Eperon, cette crête longue et étroite.

Si l'ennemi se trouvait seulement en présence de nos dernières positions, il faut, pour éviter toute surprise, fermer et condamner la plus grande partie des portes de la ville, n'en laisser ouvertes que le moins possible, et les garder en force, et avec de grandes précautions (la poterne du fort de l'Eperon est mauvaise, mal défendue, et aisée à forcer), appliquer à la défense des remparts, aux endroits qui en seront susceptibles, les soldats les moins exercés, et réserver les troupes de ligne pour les manœuvres et les sorties.

Il est bien essentiel que si l'ennemi vient à isoler le fort du Diamant du fort de l'Eperon, on applique une force suffisante pour le rechasser de sa position, et rétablir la communication.

La droite de la position de Gênes consiste dans les hauteurs *del Rati*, sur le prolongement desquelles se trouve le fort de Richelieu, et d'où se détachent cinq contre-forts. Le premier, partant de ce fort, est parallèle à la Sturla, la longe, et se prolonge vers la mer. Si le fort était armé de pièces d'un plus gros calibre, ce contre-fort ne pourrait pas être occupé par l'ennemi, tant que nous serions maîtres de ce fort. Il est donc essentiel de rectifier sans délai son armement, et de le munir d'une bonne garnison, bien commandée, et approvisionnée pour plusieurs jours en munitions de guerre et de bouche.

Le second contre-fort est celui sur lequel se trouve le fort Sainte-Tecle, dont la construction n'est pas achevée, mais qui, avec un grand effort, peut être mis en peu d'instans à l'abri d'insultes, et faire le plus grand effet sur toutes les parties de la position de la Sturla et d'Albaro. Ce fort voit tous les revers du premier contre-fort, toutes les ondulations des environs d'Albaro, tous les revers de la Madona-del-Monte, qu'il serait si dangereux de laisser occuper par l'ennemi; et enfin il assure la communication de la place avec le fort de Richelieu (1).

Le troisième contre-fort est celui de la Madona-del-Monte. Si le fort Sainte-Tecle nous est conservé, et que le fort Quezzi, ou que la position qui y tient puisse l'être de même, il sera impossible à l'ennemi de s'établir sur la Madona-del-Monte, d'où on ne peut pas se dissimuler qu'il pourrait, avec de l'artillerie, fortement incommoder la place de Gênes. Cela est cependant subordonné à la possibilité d'avoir cette artillerie en peu de tems; et l'occupation

---

(1) Le fort Sainte-Tecle a été depuis mis en état de défense; et sauf le défilement que le défaut de troupes et de matériaux n'a pas permis de perfectionner dans quelques parties, il était parfaitement à l'abri d'un coup de main : on n'y communiquait que par une échelle.

du fort Sainte-Tecle, ainsi que de celui de Richelieu, y est puissant obstacle.

Le quatrième contre-fort est celui de Quezzi : on y a commencé la construction d'un fort qui y aurait été infiniment utile. Il aurait vu le deuxième revers du contre-fort de la Madona-del-Monte, et en aurait empêché l'occupation. S'il était possible d'occuper ce contre-fort avec sûreté, au moyen de ces commencemens de construction, cela établirait par le village de Molini, et le contre-fort qui y aboutit, la communication entre la droite et la gauche de la position.

Enfin, le cinquième contre-fort (on ne comprend pas dans ce contre-fort la grande hauteur qui est détachée de la masse principale, et est tournée par le Bisagno), est celui qui se détache de la montagne *del Rati*, et qui aboutit à la *Serra di Bavari;* c'est un col qui sépare les sources de la Sturla, des versans du Bisagno : il est essentiel de remarquer que malgré l'occupation delle Fazzie d'un côté, et de Campanardigo de l'autre, l'ennemi peut, par le point de la Serra di Bavari, se porter sur les hauteurs *del Rati*, dominer tous les contre-forts qui s'en détachent, et se diriger sur Gênes : cela étant su, il est facile de prévenir les surprises, et les entreprises que l'ennemi pourrait faire pour couper le corps qui occuperait les hauteurs delle Fazzie.

En résumant les moyens de défendre Gênes, on peut donc prendre pour principes de ne laisser couper par l'ennemi aucun corps ou partie de corps des troupes qui en défendent les positions avancées; d'empêcher l'isolement des forts détachés, et de rétablir les communications entr'eux et la place, toutes les fois qu'elle pourra être interrompue, de se tenir en garde contre les surprises, qu'un grand développement de fortifications peut favoriser, soit par terre, soit par mer, et afin d'empêcher, ou au moins de retarder le plus possible tout débarquemant d'artillerie de la part des Anglais. Toutes ces précautions peuvent porter la durée de la résistance de la place de Gênes, bien au-delà du terme de l'opération qui va s'exécuter. *Signé*, le chef de brigade commandant en chef le génie, MARÈS.

(*H.*) Ce mouvement, auquel M. de Mélas ne s'attendait pas, le déconcerta, et dérangea l'exécution de tous ses projets dans cette partie, au point de l'arrêter.

Afin de mettre ce fait à la portée de ceux de nos lecteurs qui ne connaissent pas les armées Autrichiennes, nous croyons devoir présenter ici un parallèle rapide entre leur manière de faire la guerre et la nôtre.

Pour parvenir à ce but, nous examinerons succinctement ce qui tient réciproquement à la conception et à la rédaction des plans de campagne, à leur exécution, et à la composition des armées.

On ne peut se dissimuler, relativement au premier de ces objets, que dans les armées Autrichiennes, les plans de campagne n'aient toujours été faits avec une grande maturité. Ils sont encore remarquables par leurs développemens. Toutes les chances qui ont été prévues y sont ordinairement détaillées avec soin, et à cet égard les armées Autrichiennes ont eu, je crois, (du moins dans les premières campagnes des guerres de la Révolution), un avantage réel sur nous, qui n'avons pas toujours été assez prudens pour nous occuper très-sérieusement de l'avenir. On peut en dire autant de tout ce qui tient à l'approvisionnement des places et de l'armée active, du recrutement, de tous les besoins présens ou futurs des troupes, et des travaux de fortifications à faire, en un mot de tout ce qui peut se régler dans le silence du cabinet.

Mais quant à ce qui tient à l'exécution des plans arrêtés, les Autrichiens sont bien loin d'avoir les mêmes avantages vis-à-vis de nous. Le caractère des deux peuples servira à expliquer en partie ce que nous aurons à dire à cet égard.

L'Autrichien a en général, comme tous les peuples du Nord, l'esprit juste et droit, mais naturellement moins vif

16

que ne l'ont communément les habitans des climats plus
chauds. Ce manque de rapidité, dont les effets sont si funestes
à la guerre, où tout doit être prompt comme la foudre, et
caché comme elle, est peut-être ce qui a déterminé le gouvernement Autrichien à chercher à en diminuer les inconvéniens par le secours des méthodes, et peut l'avoir porté à
tout employer pour prémunir ses généraux d'idées et de
résolutions pour le besoin. Ainsi armés d'hipothèses, ils
entrent en campagne avec de vastes matériaux; tant que par
les routes qu'ils se sont tracées, on les laisse marcher à l'exécution de leurs desseins, ou que l'on reste devant eux dans
le cercle de leurs suppositions, on est sûr d'y trouver une
grande force d'harmonie : mais quand on est assez heureux
ou assez habile pour tromper leurs calculs, quand on dépasse
les bornes de la théorie de celui qui a rédigé le plan suivi,
quand on échappe à ses combinaisons, quand de cette manière
on peut attaquer les armées Autrichiennes dans leurs mouvemens, éviter leurs masses, les forcer à se diviser, harceler
leurs divisions, et les battre séparément pour les ruiner en
détail, changer sur-tout les théâtres qui sembloient devoir
servir pour les affaires décisives, ou l'espèce de guerre que
ces armées devoient faire; enfin déranger le système adopté,
il en résulte presque toûjours pour elles des conséquences
fâcheuses. En effet, trop de méthode embarrasse et ralentit
les mouvemens; et une théorie trop rigoureusement suivie
fait ordinairement perdre les occasions que n'offre jamais
qu'à l'improviste et par moment la fortune, cette divinité qui
semble n'avoir de faveurs que pour ceux qui les lui arrachent.

Les Français se contentent ordinairement d'arrêter dans
leurs plans de campagne les principales bases; ils aban-
donnent le reste à la fortune et aux talens de leurs généraux:
libres dans l'application de leurs calculs, et du résultat de
leurs méditations, ils sont guidés et non gênés par les ordres
et les instructions qui leur sont données; ils y trouvent des
lumières plutôt que des préceptes; et, arbitres de leurs

opérations, ils sont naturellement beaucoup plus occupés à justifier une grande confiance, par les élans de leur génie, que par la servilité de leur obéissance.

Ce qui précède, établit, ce me semble, pourquoi notre supériorité a toujours été si marquée dans les guerres des montagnes sut-tout, où la célérité des mouvemens, la multiplicité des opérations, et la variété dans les moyens d'exécution, décident presque toujours du succès des opérations d'une campagne : pourquoi et comment les généraux Autrichiens ne changent pas assez rapidement de plans avec les circonstances, et exécutent par fois hors de propos, des projets fort beaux au moment de leur conception ; pourquoi enfin ils ne tirent pas ordinairement un parti complet de leurs victoires.

Notre avantage vient encore en cela de ce que nos grands généraux s'élevant par là au-dessus de leurs prédécesseurs, ont su en faisant la guerre, substituer à la stricte observance des théories, les lumières d'une pratique éclairée, et profiter des ressources que leur offroit le caractère de nos soldats, au point de changer, même pour l'ennemi, la théorie des combats : aussi ont-ils moins cherché les autorités qui pouvoient en cas de non-réussite justifier l'entreprise, que des probabilités du succès, et ont-ils d'après cela presqu'entièrement renoncé à ces conseils de guerre encore si en usage dans les armées Autrichiennes, et qui, outre tant d'autres inconvéniens, ont celui de divulguer tous les secrets, de ralentir tous les mouvemens, et souvent de faire manquer une opération à cause du peu de zèle qu'apporte dans l'exécution, un chef dont l'avis n'aura point prévalu.

Quant à la composition des armées, nos soldats sont sans contredit les seuls soldats du monde chez lesquels l'honneur multiplie les moyens physiques dans une proportion qu'il est impossible de déterminer.

Je pourrois en dire autant des officiers.

Concluons que toutes les fois que chez nous les plans du

16..

Gouvernement, et le mode d'exécution des généraux équi-
vaudront à l'excellence des troupes, elles combattront avec
un avantage certain des armées égales et même supérieures
à elles, pourvu cependant que cette supériorité ne rompe
pas tout-à-fait l'équilibre ; et citons avec orgueil à l'appui
de cette assertion, les campagnes de Bonaparte, plusieurs
autres encore, sans compter celle qui en ce moment achève
d'enlever à l'ennemi et ses ressources et ses espérances.

*(J.) Règlement de police, fait par ordre du Général
en chef.*

Le chef de l'état-major-général de l'armée, considérant
que dans une ville en état de siége, et environnée par l'ennemi, il importe de prendre des mesures de police et de
surveillance militaire, capables de déjouer les projets de la
malveillance, de régulariser les mouvemens de la force
armée, et d'assurer la tranquillité des citoyens,

Ordonne ce qui suit :

Art. Ier. A compter de ce jour, et jusqu'à nouvel ordre,
les portes de la ville de Gênes seront ouvertes à cinq heures
du matin, et fermées à sept heures du soir.

II. Personne ne pourra entrer dans la ville, ni en sortir,
sans une autorisation du commandant de la place, qui demeure tenu de n'accorder cette autorisation que pour des
motifs très-plausibles, et après un mûr examen.

Il tiendra note des permissions accordées.

III. Les habitans de Gênes, et les militaires n'étant pas
de service, rentreront dans leur maison à dix heures du
soir. Les cafés et lieux publics seront fermés à la même
heure ; les patrouilles arrêteront ceux qui contreviendront
au présent ordre.

Le moment de la retraite sera indiqué par un coup de
canon.

IV. Tous les étrangers qui sont dans ce moment dans

Gênes, se rendront, dans les vingt-quatre heures, chez le commandant de la place pour s'y faire inscrire. Il sera ouvert à cet effet un registre indicatif de leurs noms et prénoms, âge, profession, lieu de naissance, motifs qui les ont appelés à Gênes, affaires qui les y retiennent, tems qu'ils comptent y rester, quartier et maison où ils habitent. Les étrangers qui seront autorisés à demeurer à Gênes, recevront du commandant de la place, une carte de sûreté où se trouveront ces différens détails.

V. Les aubergistes, et autres citoyens de Gênes ne pourront loger, sous aucun prétexte, les étrangers qui dans le jour n'auraient pas donné leurs noms chez le commandant de la place, et ils seront tenus de les dénoncer, à peine d'être considérés comme suspects.

VI. Lorsque la générale battra, la garde nationale prendra les armes; les chefs des légions conduiront leurs bataillons respectifs aux postes et quartiers qui leurs seront indiqués par le commandant de la place : ce dernier ordonnera aussitôt des patrouilles pour maintenir la tranquillité publique, et assurer le respect des personnes et des propriétés.

VII. Dans le même moment, les commandans de la place, français et liguriens, monteront à cheval, et s'assureront eux-mêmes si les légions sont rendues à leurs postes, si les patrouilles se font, si la ville est calme et tranquille.

Dès le même instant, un officier de l'état-major de la place se rendra d'heure en heure auprès du Général en chef, pour recevoir ses ordres.

VIII. En cas d'attaque, tous les habitans de Gênes qui ne font pas partie de la garde nationale, sont tenus de se retirer dans leurs maisons.

Ceux qui seront trouvés dans les rues, sur les remparts ou sur les ponts, seront arrêtés, et punis militairement. Le moment de cette retraite sera indiqué par la générale.

IX. Tout attroupement armé ou non armé sera dissipé sur-le-champ par la force.

X. La garde nationale, et tous les citoyens faisant partie de l'armée, sont invités à concourir, chacun en ce qui les concerne, au maintien de l'ordre, et à l'exécution des mesures prescrites par les articles ci-dessus.

XI. Le présent règlement sera imprimé dans les deux langues, publié, et affiché dans les lieux les plus fréquentés de Gênes, et mis à l'ordre de l'armée.

Le commandant de la place est particulièrement chargé de veiller à son exécution.

En l'absence du général de division Oudinot, chef de l'état-major-général; l'adjudant-général en faisant fonction,

Signé ANDRIEUX.

Vu le présent règlement, le Général en chef ordonne qu'il soit exécuté dans tout son contenu.

Signé MASSENA.

(*K.*) Dans la situation de l'armée, les prisonniers faits par elle, avaient été, à Gênes, l'objet d'un grand embarras. D'un côté, la nécessité de pourvoir à leur subsistance épuisait nos ressources; et de l'autre, tant d'Autrichiens pouvaient être dangereux à Gênes, sur-tout dans les momens où nos troupes en sortaient pour combattre. Ces considérations avaient déterminé le Général en chef à rendre successivement les premiers que nous avions faits, et sur-tout à renvoyer sur parole tous les officiers pris par nous. L'état de souffrance dans lequel les prisonniers ne pouvaient manquer d'être à Gênes, avait déterminé M. de Mélas à les reprendre.

Ces renvois se firent ainsi pendant les premiers tems du blocus; mais trois circonstances les firent cesser. L'une fut l'opinion que l'ennemi les faisait resservir contre nous; la seconde, le refus de M. de Mélas de nous rendre ceux qu'il nous avait faits ; la troisième, le renvoi qu'il nous fit de trente employés pris près de Final.

Ce dernier trait sur-tout, était extrêmement peu délicat : aussi, dès ce moment, le général Massena justement irrité, résolut de ne plus en renvoyer.

Afin de ne pas avoir à les craindre dans Gênes, il les fit embarquer sur des bâtimens : et pour ne pas avoir à les nourrir, il chargea le Gouvernement ligurien de les comprendre dans les distributions qu'il faisait au peuple. Mais qu'est-ce que c'était que quelques cuillerées d'une mauvaise soupe d'herbes, pour des hommes forts et robustes ?

On aura une idée de la faim dévorante à laquelle ils furent en proie, quand on saura qu'ils mangèrent leurs souliers, leurs havresacs, et leurs gibernes, et que l'on n'osait envoyer personne à leur bord, de peur qu'il ne fût dévoré. On entendait leurs cris dans tout le Port. Pour terminer leurs souffrances, le Général en chef avait vainement fait proposer à M. le général Otto, de leur faire porter chaque jour, par mer, les vivres qu'il n'était pas en état de leur faire donner ; et pour que cette demande fût mieux appuyée, il avait autorisé les prisonniers à envoyer à leur Général des députés pris parmi eux, et avait de plus rendu plusieurs officiers autrichiens, pour achever de constater la déplorable situation des prisonniers. Cette proposition n'ayant pas été agréée, leurs maux empirèrent tous les jours ; aussi beaucoup se jetèrent à la mer, et se noyèrent faute de forces sur lesquelles ils avaient compté pour se sauver.

Tout cela était sans doute bien affreux ; mais il fallait avoir tout fait pour la prolongation de ce terrible blocus.

(L.) *Massena, général en chef, aux habitans de la Ligurie.*

« Je m'empresse de vous faire connaître le résultat des événemens de la journée d'hier ; ils doivent sauver votre cité et votre Pays. Quels intérêts ne vous présentent-ils pas ?

» L'ennemi avait préparé une attaque générale sur Gênes ; il avait réuni toutes ses forces, et les avait dirigées principalement sur le fort du *Diamant*, sur les *Deux-Frères*, sur *Albaro*, et sur les forts *Quezzi*, *Richelieu*, et *Ste.-Tecle*.

» Il s'était d'abord emparé du fort de Quezzi, et avait coupé toute communication avec celui de Richelieu ; il s'était encore emparé du poste des Deux-Frères ; enfin il avait fini par bloquer le fort du Diamant, auquel il avait donné plusieurs fois l'assaut.

» Dans cette position qui donnait de l'avantage à l'ennemi, j'ai résolu de l'attaquer moi-même sur toute la ligne.

» Toutes les dispositions ont été faites.

» A quatre heures, le point important de Quezzi a été enlevé à la bayonnette ; l'ennemi a été culbuté, mis tout à fait en déroute, et poursuivi pendant très-longtems.

» A cinq heures, l'ennemi a été chassé des Deux-Frères, après avoir essuyé des pertes énormes ; sa déroute a été pareillement complète, et il n'a dû son salut qu'à la nuit.

» Le soir l'armée Française avait repris toutes ses positions, tous les forts étaient libres, et l'armée Autrichienne fuyait par débris devant elle.

» Nous avons fait à l'ennemi beaucoup de prisonniers, on n'en connaît pas encore le nombre exact ; parmi eux se trouvent beaucoup d'officiers supérieurs : il a laissé sur le champ de bataille quinze cent morts environ ; le nombre de ses blessés ne peut se calculer ; enfin il a perdu un drapeau et quelques canons.

» L'ennemi regardant la prise de Gênes comme assurée, avait réuni à lui beaucoup de paysans ; il avait promis à ses soldats une gratification de cinq florins, sur le produit des contributions militaires, et aux uns et aux autres le pillage de la ville pendant deux jours ; ce sont là les rapports des déserteurs et des prisonniers.

» Tel est, Citoyens, le précis des événemens de la mémorable journée d'hier ; c'est à vous qui en avez été les témoins oculaires, qu'il appartient de citer avec reconnaissance et admiration la conduite héroïque des braves que j'ai l'honneur de commander, et après vous la postérité redira les traits de dévouement et de bravoure plus qu'humains qui l'ont illustrée.

» Mais je dois aussi rendre justice à votre zèle et à votre confiance ferme et constante ; vous avez maintenu dans votre cité l'ordre le plus sévère, et une parfaite tranquillité ; vous avez suivi avec le sentiment de l'inquiétude, de l'espérance, et avec l'ivresse de la joie les mouvemens et les succès des Français ; enfin le soir de ce jour si fatal à l'ennemi, a été bien attendrissant par les secours et les soins généreux que vous avez prodigués à nos blessés, bien consolant pour moi, et rassurant pour l'avenir, en présentant le peuple de Gênes et les soldats Français réunis d'intérêt et d'affection, et ne formant qu'une même famille.

» Ce tableau, que l'ennemi connaît déjà, fait son désespoir, double la force de l'armée Française, et est l'augure certain de votre très-prochaine délivrance.

» Cette proclamation sera imprimée dans les deux langues, mise à l'ordre, transmise officiellement au Gouvernement Ligurien, publiée, et affichée ».

(*M.*) L'affaire du 10 floréal ayant démontré la nécessité du fort de Quezzi, dont l'établissement avait paru jusques-là impossible, tant par le défaut absolu de moyens de construction de tout genre, que par la durée présumée des travaux, le Général en chef en ordonna la construction et mise en état. Il y avait tant à faire pour y parvenir, que plusieurs officiers regardèrent cet ordre comme inexécutable ; il y eut des paris qu'il ne le serait pas de trois mois, quelqu'activité qu'on y mît : et il faut l'avouer, on ne peut expliquer la célérité incroyable de cette construction, que par le pouvoir presque miraculeux de la nécessité, et la

volonté bien prononcée de réussir, à quelque prix que ce
fût. Les tonneaux qu'on y employa, au nombre d'environ
cinq ou six cents, et qu'on remplissait de terre, tinrent
lieu de gabions et de saucissons. On en fit des escarpes de
vingt à vingt-cinq pieds de haut ; on en forma les merlons
pour les embrâsures ; on en fit les parapets ; et pour éviter
que l'ennemi, dans une attaque de vive force, ne brisât à
coups de haches le tonneau inférieur, et ne fit ainsi crouler
toute l'escarpe ; et comme d'un autre côté, malgré la précaution généralement prise de placer le plus que l'on pouvait,
les tonneaux l'un sur l'autre, de manière que leurs circon-
férences fussent concentriques, plusieurs parties pouvaient
prêter à l'idée d'une escalade, en s'accrochant d'un tonneau à l'autre ; il fut construit en avant de cette escarpe,
et en forme de revêtement, un mur en pierre sèche de la
hauteur de cette escarpe. Ces deux genres de constructions
se soutenaient réciproquement, et suffisaient pour parer à
tous les inconvéniens, puisque ce fort ne pouvait point être
attaqué avec du gros canon. Ces travaux qui devaient durer
au moins trois mois, furent l'affaire de trois jours et trois
nuits. Les généraux, les officiers et les soldats de la 75e, à
l'exemple de leur chef, le commandant Coutard, y ont tra-
vaillé avec un dévouement inconcevable. Le chef de brigade
Marès, commandant en chef du génie, secondé par plusieurs
officiers de ce corps, dirigea lui-même les travaux, et il ne
quitta le fort que lorsque sa construction fut assez avancée
pour ne pouvoir en descendre qu'avec une échelle. Comme
cette construction avait lieu à un avant-poste, et en présence de l'ennemi, les travaux en furent poussés de manière
que la pose de chaque tonneau pouvait être dès l'instant
même utilisée pour la défense ; et l'ennemi qui vint le reconnaître fut tellement déconcerté par la naissance presque
subite et inattendue de ces fortifications, et par la disposition des travaux, qu'il n'a plus osé l'attaquer, ni pendant,
ni après la construction.

(*N.*) Le territoire de Gênes étant absolument nul sous les rapports des productions, cette ville ne pouvait tirer ces approvisionnemens que du dehors.

L'ancien gouvernement de Gênes, frappé de l'idée que cette circonstance pouvait exposer le peuple à la famine ou le mettre à la merci des spéculateurs, forma des greniers d'abondance, se chargea de vendre le pain au peuple, et le fit à un prix si modique, que la vente de ce pain ne produisait pas à beaucoup près ce qu'il lui coûtait : quant à la classe riche, en partie commerçante à Gênes, elle pourvoyait elle-même à ses approvisionnemens.

Le nouveau gouvernement Ligurien, entraîné sans doute par des opérations d'une autre importance, avait laissé s'épuiser ses magasins, sans s'occuper à en former de nouveaux.

De leur côté, les riches, sur qui pesaient les impositions et réquisitions de toute espèce, et à qui la voie de la mer paraissait trop peu sûre, espérant un tems plus heureux, avaient épuisé leurs provisions sans chercher à les remplacer.

Les négocians, dans cette stagnation générale, qui résultait de leur incertitude, n'osaient, par l'expérience des affaires, songer au commerce des grains moins encore qu'à tout autre, et n'en avaient presque point en magasin.

Telle est la situation malheureuse dans laquelle Gênes se trouvait, lorsque le blocus en fut formé.

(*O.*) Telle était la situation que la nuit du 13 au 14 prairial prolongea pour nous. Aussi, malgré cinquante-huit jours de blocus, de siége, et de combats; malgré des fatigues aussi longues et aussi soutenues; malgré toutes les privations qui les avaient accompagnées; malgré le besoin de repos qui résultait de l'épuisement général; une agitation cruelle produite par l'incertitude de notre destinée, écarta le sommeil; et cette nuit se passa, pour les hommes au courant des détails de la négociation, en une douloureuse insomnie.

En effet, qui n'eut été affecté de l'extrémité à laquelle nous étions réduits ! Elle était telle que même elle ne pouvait plus se dissimuler, et que nous étions par le fait à la discrétion de l'ennemi.

Or, que de conséquences accablantes découlaient de cette vérité, et comment après tant de constance, d'efforts, de travaux, et de souffrances, après des succès si étonnans et si soutenus ; comment supporter l'idée de céder à un ennemi qui partout avait fui devant nous, et qui n'était fort que de notre misère ? de lui rendre des armes qui tant de fois l'avaient forcé de déposer les siennes ? d'être obligé d'acheter la vie aux dépens de la liberté ? de voir un ennemi orgueilleux chanter une victoire que la faim seule nous arrachait, et de renoncer à l'idée de contribuer à reconquérir l'Italie et la Paix ?.... Tout cela formait, il en faut convenir, un vaste sujet de réflexions déchirantes.

Ah ! c'est alors qu'il pouvait être pardonnable de dire avec le sentiment pénible et profond de la vérité : « Oh ! » Patrie, qu'il est quelquefois cruel de t'aimer !... oh ! Nature, » que les tributs que l'on te paie tournent rarement au profit » du bonheur » !.... Heureux ceux qui par insouciance ou par apathie peuvent, dans des momens semblables, se soustraire aux idées et aux sentimens qui naissent d'un examen réfléchi..... Malheur en pareil cas à l'homme sensible, du moment où il pense !

(*P.*) *Négociation pour l'évacuation de Gênes, par l'aile droite de l'armée Française, entre le vice-amiral lord Keith, commandant en chef la flotte Anglaise, le lieutenant-général baron d'Ott, commandant le blocus, et le Général en chef français Massena.*

Article Ier. L'aile droite de l'armée Française, chargée de la défense de Gênes, le Général en chef, et son Etat-major, sortiront avec armes et bagages pour aller rejoindre le centre de ladite armée.

Réponse. *L'aile droite chargée de la défense de Gênes, sortira au nombre de huit mille cent dix hommes, et prendra la route de terre, pour aller par Nice en France. Le reste sera transporté par mer à Antibes: l'amiral Keith s'engage à fournir à cette troupe la subsistance en biscuits, sur le pied de la troupe anglaise. Par contre, tous les prisonniers autrichiens faits dans la rivière de Gênes, par l'armée de Massena dans la présente année, seront rendus en masse. Se trouvent exceptés ceux déjà échangés au terme d'à-présent; au surplus, l'article premier sera exécuté en entier.*

II. Tout ce qui appartient à ladite aile droite, comme artillerie et munitions, en tous genres, sera transporté, par la flotte anglaise, à Antibes ou au golfe de Jouan.

Rép. *Accordé.*

III. Les convalescens, et ceux qui ne sont pas en état de marcher, seront transportés par mer jusqu'à Antibes, et nourris, ainsi qu'il est dit dans l'article premier.

Rép. *Ils seront transportés par la flotte anglaise, et nourris.*

IV. Les soldats français restés dans les hôpitaux de Gênes, y seront traités comme les autrichiens; à mesure qu'ils seront en état de sortir, ils seront transportés, ainsi qu'il est dit dans l'art. premier.

Rép. *Accordé.*

V. La ville de Gênes, ainsi que son port, seront déclarés neutres : la ligne qui déterminera sa neutralité sera fixée par les parties contractantes.

Rép. *Cet article roulant sur des objets purement poli-*

tiques, il n'est pas au pouvoir des généraux des troupes alliées d'y donner un assentiment quelconque. Cependant les soussignés sont autorisés à déclarer que sa majesté l'Empereur s'étant déterminée à accorder aux habitans de Gênes son auguste protection, la ville de Gênes peut être assurée que tous les établissemens provisoires que les circonstances exigeront, n'auront d'autre but que la félicité et la tranquilité publique.

VI. L'indépendance du peuple Ligurien sera respectée ; aucune puissance actuellement en guerre avec la république Ligurienne, ne pourra opérer aucun changement dans son gouvernement.

Rép. *Comme à l'art. précédent.*

VII. Aucun Ligurien ayant exercé ou exerçant encore des fonctions publiques, ne pourra être recherché pour ses opinions politiques.

Rép. *Personne ne sera molesté pour ses opinions, ni pour avoir pris part au gouvernement précédent à l'époque actuelle.*

Les perturbateurs du repos public, après l'entrée des Autrichiens dans Gênes, seront punis conformément aux lois.

VIII. Il sera libre aux Français, Génois, et aux Italiens domiciliés ou réfugiés à Gênes, de se retirer avec ce qui leur appartient, soit argent, marchandises, meubles, ou tels autres effets, soit par la voie de mer ou par celle de terre, par-tout où ils le jugeront convenable ; il leur sera délivré à cet effet des passeports, lesquels seront valables pour six mois.

Rép. *Accordé.*

IX. Les habitans de la ville de Gênes seront libres de

communiquer avec les deux rivières, et de continuer de com-
mercer librement.

Rép. *Accordé, d'après la réponse à l'art. V.*

X. Aucun paysan armé ne pourra entrer ni individuelle-
ment, ni en corps à Gênes.

Rép. *Accordé.*

XI. La population de Gênes sera approvisionnée dans le
plus court délai.

Rép. *Accordé.*

XII. Les mouvemens de l'évacuation de la troupe française,
qui doivent avoir lieu conformément à l'Article Ier, seront
réglés dans la journée entre les chefs de l'Etat – major des
armées respectives.

Rép. *Accordé.*

XIII. Le général autrichien commandant à Gênes, accor-
dera toutes les gardes et escortes nécessaires pour la sûreté
des embarcations des effets appartenans à l'armée française.

Rép. *Accordé.*

XIV. Il sera laissé un commissaire français pour le soin
des blessés et malades, et pour surveiller leur évacuation :
il sera nommé un autre commissaire des guerres, pour assurer, recevoir, et distribuer les subsistances de la troupe
française, soit à Gênes, soit en marche.

Rép. *Accordé.*

XV. Le général Massena enverra en Piémont, ou partout
ailleurs, un officier au général Bonaparte, pour le prévenir
de l'évacuation de Gênes; il lui sera fourni passeport et
sauve-garde.

Rép. *Accordé.*

XVI. Les officiers de tous grades de l'armée du Général en chef Massena, faits prisonniers de guerre depuis le commencement de la présente année, rentreront en France sur parole, et ne pourront servir qu'après leur échange.

Rép. *Accordé* (1).

Articles additionnels.

La porte de la Lanterne, où se trouve le pont – levis, et l'entrée du Port, seront remis à un détachement de la troupe autrichienne, et à deux vaisseaux anglais, aujourd'hui 4 mai, à deux heures après-midi.

Immédiatement après la signature, il sera donné des ôtages de part et d'autre.

L'artillerie, les munitions, plans, et autres effets militaires appartenans à la ville de Gênes et à son territoire, seront remis fidèlement par les commissaires français, aux commissaires des armées alliées.

Fait double, sur le pont de Cornegliano, le 4 mai 1800.

Signé, B. d'Ott, lieutenant-général.

Keith, vice-amiral, commandant en chef.

(Q.) Si nous reportons les yeux sur ce que les armées étaient en Italie avant la reprise des hostilités, nous trouverons :

1°. Que dans la Ligurie, où l'armée était reléguée, sa position militaire consistait dans l'occupation d'une langue de terre de cinquante lieues de long, qui, entre la mer, dont l'ennemi était entièrement le maître, et la ligne de ses troupes sur la frontière du Piémont, n'avait pas, en

---

(1) Par des chicanes et des retards dont le général Massena se plaignit à différentes reprises, M. de Mélas a trouvé les moyens de différer de plusieurs mois l'exécution de cet article.

avant

avant de Savone sur-tout, quatre lieues de large, et que l'ennemi au contraire était par-tout appuyé à de bonnes places.

2°. Que pour parcourir l'arc que l'armée faisait par la ligne qu'elle occupait, c'est-à-dire, pour aller de la droite à la gauche, il y avait sept ou huit jours de marche, et des routes horribles, à peine praticables pour des chevaux, et très-peu sûres à suivre, et que l'ennemi avait par-tout des communications toujours certaines et rapides.

3°. Qu'en cas de revers, d'un côté la longueur et la difficulté des communications, et la facilité d'être coupés ; de l'autre, la présence d'un nombreuse flotte ennemie, pouvaient, en un moment, ôter à l'armée tout moyen de retraite, circonstance qui seule rendait la position si vicieuse, que même avec une armée victorieuse, il ne semble pas qu'on eût pu la tenir sans audace, sur-tout devant un ennemi qui était maître de tous ses mouvemens.

4°. Que nos soldats étaient nuds au milieu du plus grand froid, et sans chaussure au milieu des rochers ; et que ceux des Autrichiens étaient abondamment pourvus de tout dans un pays bien moins rigoureux.

5°. Que par l'effet d'une pénurie produite par un long abandon, et inconnue chez l'ennemi, nos soldats, en proie à tous les besoins, sans secours d'aucune espèce, voyaient chaque jour augmenter leur arriéré de solde.

6°. Que nos troupes affamées n'avaient pas le plus souvent une distribution assurée d'avance, et ne recevaient jamais qu'une partie de leurs rations, tandis que l'ennemi avait par-tout de vastes magasins, et des distributions réglées et abondantes.

7°. Qu'il n'y avait dans notre armée ni officiers de santé en nombre suffisant, ni hôpitaux fournis de choses néces-

17

saires et de médicamens, ni moyens de transports pour les blessés, tandis que rien de tout cela ne manquait à l'ennemi.

8°. Que naturellement défians par un résultat naturel de notre faiblesse et de nos revers, nous avions passé tout l'hiver dans d'horribles bivouacs, et pour ainsi dire, constamment en campagne, achevant ainsi de nous détruire, dans le même tems que l'ennemi, tranquille de sa force et de ses victoires, et se bornant à nous faire observer par un simple cordon, avait fait cantonner toute son armée, et l'avait entièrement refaite.

9°. Que nos soldats étaient usés, découragés, et languissans, tandis que les siens étaient frais, reposés, et tout prêts pour la guerre.

10. Que nos soldats ne voyaient dans la Ligurie que des rochers, un pays de misère et de douleur à défendre, et que ceux de l'ennemi voyaient par-tout Gênes à conquérir.

11°. Que l'ennemi, aussi bien servi que nous l'étions mal, connaissait parfaitement notre position, notre embarras, et notre faiblesse, et avait eu l'art de nous cacher sa force, l'état de ses troupes, et ses moyens de défense.

12°. Que de nombreuses recrues avaient recompletté tous ses corps, tandis que les maladies avaient presqu'achevé d'anéantir les nôtres.

13°. Que nous n'avions ni crédit, ni argent, et que l'ennemi avait l'un et l'autre.

14°. Que l'ennemi attaquait, et que nous étions pré-venus.

15°. Enfin, que nous n'avions pas vingt-cinq mille com-battans depuis Novi jusqu'au Mont - Cenis, et que, sans compter les troupes que la flotte anglaise avait à bord, et qu'en partie elle débarqua à Vado; sans compter les Calabrois et Toscans qui arrivèrent successivement contre nous; sans compter les levées en masse du Piémont et des principales vallées de la Ligurie; sans compter toute la cavalerie autrichienne, et une immense artillerie, qui restèrent dans le Piémont, l'ennemi entra contre nous en campagne avec 72,000 hommes d'infanterie.

Si, après cet examen, nous arrêtons nos regards sur la situation des troupes qui ont attaqué et défendu Gênes, c'est-à-dire, sur les armées respectives pendant son blocus, nous verrons d'un côté l'ennemi conserver sur nous, toute la supériorité que peut donner le nombre et l'état le plus parfait des troupes, et se fortifier même par notre misère qui croissait toujours, et par les épidémies, tristes fruits de la famine qui continuait de nous dévorer et de nous épuiser; et de l'autre, nous verrons le général Massena soutenir une lutte aussi inégale avec une poignée de braves succombant à d'insupportables privations, et à des fatigues au-dessus des forces humaines, anéantis par de trop longues souffrances, et n'ayant plus, pour les aider à résister à leurs glorieuses fatigues, que le sentiment de leur ancienne énergie, la confiance que méritaient leurs chefs, et les exemples qu'ils en recevaient sans cesse : enfin, nous le verrons, par la force seule de son énergie, et pendant soixante jours, prolonger, par des efforts inimaginables, une agonie que rien ne peut décrire de manière à en donner une idée complète.

Ce parallèle, dans lequel nous avons même omis celui de la marine, qui cependant fit plus pour la reddition de Gênes que tous les efforts des troupes de terre, suffira pour faire sentir combien sont étonnans et honorables pour le Général en chef et pour les braves qui l'ont secondé, les combats qu'il a soutenus contre un ennemi, qui, d'après les lois de la gravité, devait l'écraser par la seule force de son poids; et combien sont plus étonnantes encore les victoires brillantes qu'il a remportées sur tant

(260)

de points, où sa perte semblait être écrite, où il a trompé
toutes les attentes de l'ennemi, et sur lesquels il a changé
des rochers arides et inconnus, en des monumens éternels
de gloire et de triomphe.

F I N.

ÉTAT-MAJOR-GÉNÉRAL. ARTIER-GÉNÉRAL EN CHEF. (Gênes.)	ÉTAT-MAJOR DE L'AILE DROITE. QUARTIER-GÉNÉRAL (Corregliano.)	GÉNIE, ARTILLERIE, MARINE.	ADMINISTRATIONS.
MASSENA, Général en chef de l'Armée. ·or, Général de Division, Chef de l'Etat-Major-Général aux, Adjudant-Général, faisant fonctions de Sous-Chef en l'absence du Général de Brigade Franceschi. Adjudans généraux, employés près du Général en chef. ·sy, Chef d'Escadron commandant les Guides du Général en Chef. ·v, Adjudant-Général, } Employés à l'Etat-Major-Général. su faisant les fonctions ·ney, Général de Brigade, ut, Adjudant-Général, } Officiers sans destination.	SOULT, Lieutenant-Général-Commandant. GAUTHRIN, Adjudant-Général, Chef de l'Etat-Major. DIVISIONS. 1ʳᵉ Division { Miolis, Général de Division, Commandant. Darnaud, Petitot, Généraux de Brigade. Worbiezmont, Chef de Brigade, faisant fonctions de Général de Brigade. Henrion, Adjudant-Général, Chef d'Etat-Major. 2ᵉ Division { Gazan, Général de Division, Commandant. Poinsot, Spital, Généraux de Brigade. Nort. Huart, Adjudant Général, Chef d'Etat-Major. Daout, Chef d'Escadron chargé de la partie active. 3ᵉ Division { Marbot, Général de Division, Commandant. Bourt, Gardanne, Généraux de Brigade. Saquelru, Adjudant-Général, Chef d'Etat-Major.	GÉNIE. Marà, Chef de Brigade, Commandant. Corne, Capitaine, Chef de l'Etat-Major. ARTILLERIE. Lamartillière, Général de Division, command. en chef. Boost, Général de Division, Commandant en second. Vaymonr, Chef de Bataillon, et Chef de l'Etat-Major. MARINE. Sibille, Chef de Division, commandant les forces navales de l'armée.	AUBERNON, Commissaire-Ordonnateur en chef. Lefévre, Élève Dural, Adjoint } près l'Ordonnateur en chef. COMMISSAIRES DES GUERRES. Lecoin, chargé de la police supérieure des Hôpitaux. Gaillardon, chargé de la police supérieure de l'Artillerie. Marchant cadet, chargé de la police des Transports. Geyon, chargé de la police de la Division Gazan. Conorr, chargé de la police de l'aile droite. Baisse, chargé de la police de la Place. Lombard, chargé de la police de la Division Marbot. Vaat, FAISANT FONCTIONS Vebais, chargé de la police de la Division Miolis. Rocaillon, chargé de la police des Hôpitaux de la Place. Lebotila. ADJOINTS Lesimone, Guillon. Bossy, Agent général des Vivres, Simonis, Agent général des Hôpitaux. pain, fourrages et liquides. Retravahe, Payeur général Valevin, Agent général des viandes. Marronne, Payeur à Gênes.

DIVISION MIOLIS. Quartier-Général à Albaro.	DIVISION GAZAN. Quartier-Général à Saint-Quirino.	DIVISION MARBOT. Quartier-Général à Savone.	RÉSERVE.	GARNISONS de Gênes, Gavi et Savone.	RÉCAPITULATION
hommes. tte Division occupait Saint- o et Nervo, par la 8ᵉ demi- de d'infant. légère, forte de . 600 ·nrilla et Scofera par la 24ᵉ ·ge, forte du . . . . . 800 · nte-Corvna, par la 74ᵉ de . 1100 ·doro et Nervo, par la 106ᵉ de 1700 Total 4200	hommes. Cette Division occupait Caselle, Bu- salla et Savigneue, par la 3ᵉ de ligne, forte de . . . . . . 1300 Teggia, par des grenad. Piémontais, de 90 Voltaggio et Carasio, par la 9ᵉ lég. de 500 Croce de Fischi, Caselle, Savigneue, Borgo di Formazi et Ronco, par la 2ᵉ de ligne, du . . . . . . 1500 La Bochetta, par une compagnie d'artillerie, de . . . . . 40 Campo Freddo, Mazone, Mattarolo, Ressiglione et Monte-Calvo, par la 78ᵉ de 1300 Saint-Quirino, par trois compagnies de Sapeurs, de . . . . . 90 Total 4920	hommes. Le Général de Division Mar- bot était malade, cette Division était commandée par le Général de Brigade Gardanne. Elle occupait Stella et Madoux, par la 3ᵉ légère, forte de . . 900 Le Vagnollu et Monte-Notte, par le 62ᵉ de . . . . . 1500 Santo-Bernardone et la Ma- dona de Savona, par le 63ᵉ de . 500 Vado et Cadibona, par la 97ᵉ de 1500 Total 4400	hommes. La Réserve, occupait Saint-Pierre d'Aréna, par la 92ᵉ de . . . . 500 Sastri qui pouvait, et Cornu- gliano, par la 25 légère, forte de . . . . . 1700 Total 2200	hommes. L'Adjudant-Génér. Dagoyanni commandait à Gênes, qui avait pour garnison : La 41ᵉ forte de . . . . 830 La 55ᵉ de . . . . . . 250 La 78ᵉ de . . . . . . 500 La 40ᵉ, forte de 800 hommes, était à Gavi . . . . . 500 La 93ᵉ, forte de 800 hom., était à Savonne, où il y avait de plus 200 hom. des autres Corps de la Division Marbot. Total 2300	hommes. Division Miolis . . . . 4200 Division Gazan . . . . 4920 Division Marbot . . . . 4400 Réserve . . . . . . 2200 Garnisons de Gênes, Gavi et Savonne . . . . . 2300 } 2300 Divisions différentes Corps de la Division Marbot dans Savonne . 200 Hommes formant les Gardes à pied et à cheval du Général en chef, à-peu-près 100 Total . . . . 17820 A déduire pour les garnisons de Gênes, Gavi et Savonne . . . . . 3100 Reste à l'armée active 15720

TABLEAU des Distributions faites à Gênes, pendant le blocus.

Jours pour lesquels les distributions ont été faites.	Nature des Distributions.	Jours pour lesquels les distributions ont été faites.	Nature des Distributions.	Jours pour lesquels les distributions ont été faites.	Nature des Distributions.	Observations.
30 Germinal au 29 Floréal.	La demi-ration de pain de 12 onces: 4 onces de farine de gros millet avec de l'huile ou du fromage alternativement, en remplacement de viande fraîche. La demi-pinte de vin, et depuis le 13 Floréal, la pinte entière chaque jour.	6 Prairial.	6 onces de pain fait 40 quintaux de son remoulu. 3 — de froment. 22 — de gros millet. 6 — de petit. 9 — d'amidon. 8 onces de viande de cheval. la pinte de vin.	10 Prairial.	6 onces de pain, même nature de mélange que pour le 9. 8 onces de viande de cheval. la pinte de vin.	Le 2 Prairial il ne restait plus en magasin que 207 quintaux 29 livres de farine, et 526 quintaux 77 livres de son. C'est alors que le mélange d'autres substances devint indispensable. Les Officiers de santé présidèrent au mélange.
29 Floréal au 3 Prairial.	8 onces de pain. 8 idem de viande fraîche. la pinte de vin.	7 Prairial.	6 onces de pain fait 25 quintaux de gros millet. 3 — de petit. 2 — graine de lin. 37 — de son. 8 onces de viande de cheval. la pinte de vin.	11 Prairial.	6 onces de pain fait 5 quintaux d'amidon. 3 — de froment. 5 — de haricots. 26 — de cacao. 25 — de son. 8 onces de viande de cheval. la pinte de vin.	
3 Prairial.	8 onces de pain fait 50 quintaux de son remoulu. 10 — d'amidon. 3 — de gros millet. 5 — de petit. 5 — de froment. 8 onces de viande fraîche. la pinte de vin.	8 Prairial.	6 onces de pain fait 16 quintaux de cacao. 2 — de graine de lin. 18 liv. d'avoine. 4 — de froment. 6 — de riz. 31 — de son. 10 — d'amidon. 8 onces de viande de cheval. la pinte de vin.	12 Prairial.	6 onces de pain, même nature de mélange que pour le 11. 8 onces de viande de cheval. la pinte de vin.	
4 Prairial.	8 onces de pain fait 50 quintaux de son remoulu. 10 — d'amidon. 20 — de gros millet. 5 — de froment. 5 — de petit millet. 8 onces de viande fraîche. la pinte de vin.	9 Prairial.	6 onces de pain fait 20 quintaux de cacao. 10 — d'amidon. 720 liv. de riz. 350 liv. de haricots. 33 — de son. 8 onces de viande de cheval. la pinte de vin.	13 Prairial.	5 onces de pain, même nature de mélange que pour le 11. 12 onces de viande de cheval. la pinte de vin.	
5 Prairial.	6 onces d'un pain fait avec de la farine provenant de 25 quintaux de gros millet. 5 — d'amidon. 3 — de petit millet. 35 — de son remoulu. 8 onces de viande fraîche. la pinte de vin.			14 Prairial.	5 onces de pain, même nature de mélange que pour le 11. 12 onces de viande de cheval. la pinte de vin.	
				15 Prairial.	5 onces de pain fait 50 quintaux de cacao. 10 — de son. 4 — d'amidon. 4 — de haricots. 12 onces de viande de cheval. la pinte de vin.	

ÉTAT présentant le renchérissement progressif des denrées de première nécessité, pendant le blocus de Gênes.

Bled-Froment.	Farines.	Pain.	Biscuit.	Riz.	Légumes.	Bled-Turc.	Cacao.	Viande.	Vin.
75 liv. le quintal, du 12 au 30 Germinal. 90° — du 1er au 15 Floréal. 110 — du 16 au 30 Floréal. 800 — du 1er au 5 Prairial. *Nota.* Au-delà de cette terme, il n'y a plus eu de prix fixe ; on peut dire seulement que la livre de bled a été portée à 5 liv. avant le 10 Prairial, et à plus de 10 liv. avant le 15.	Le prix des Farines a été proportionnel à celui des Grains, jusqu'au 30 Germinal ; mais à cette époque, le blocus de la place ayant été resserré, les moutures étant devenues plus difficiles, le prix des Farines s'est élevé à moitié en sus de celui des Grains, de sorte qu'à la dernière quinzaine du blocus, à plus du double, en sorte qu'une livre de Farine a été payée de 10 au 15 Prairial, au-delà de 20 fr. la livre.	24 liv. la livre, du 5 au 10 Prairial. De 30 à 36 liv. du 10 au 15 idem.	Il était extrêmement rare, et on peut juger d'après les denrées ci-dessus, à quel prix il a été vendu.	150 liv. le cent du 1er au 15 Floréal. 300 liv. — du 15 au 30 idem. 6 liv. la livre du 1er au 5 Prairial. 8 et 10 liv. — du 5 au 15 idem.	150 liv. le cent du 1er au 15 Floréal. 175 liv. — du 15 au 30 idem. 3 liv. la livre du 1er au 5 Prairial. 6 et 9 liv. — du 5 au 15 idem.	175 liv. le cent du 1er au 15 Floréal. 220 liv. — du 15 au 30 idem. 4 liv. la livre du 1er au 15 Prairial. 7 et 9 liv. — du 5 au 15 idem.	3 liv. la livre du 1er au 5 Prairial. 3 fr. 50 cent. du 5 au 10. 4 fr. du 10 au 15. *Nota.* Le manque absolu des grains, farines et légumes, ayant forcé de faire entrer le Cacao dans la composition du pain, le prix en a été porté tout-à-coup au double de sa valeur ordinaire ; mais il faut observer encore que les frais de manutention de cette denrée étaient si considérables, que cette espèce de pain revenait toute fabriqué, à près de 6 fr. la livre.	2 liv. la livre du 1er au 15 Floréal. 2 liv. 12 s. — du 15 au 30 idem. 4 liv. — du 1er au 6 Prairial. *Nota.* Au-delà du 6 Prairial, les Bestiaux manquèrent absolument; il fallut recourir à la viande de cheval, dont le prix fut porté, à 2 liv. 12 s. du 6 au 10 Prairial. 3 liv. et même 6 liv. la livre du 10 au 15 id.	Ce liquide n'a jamais manqué; aussi le prix ne s'en est-il pas accru dans la proportion des autres denrées. Il s'est maintenu à 7 sous du 1er au 30 Floréal, et ne s'est élevé qu'à 10 sous la pinte du 1er au 15 Prairial. *Nota.* Il est aisé d'apercevoir par le prix des détails, de se faire une idée juste des prix des autres comestibles.

Signé, AUBERNON, Commissaire-Ordonnateur en chef.

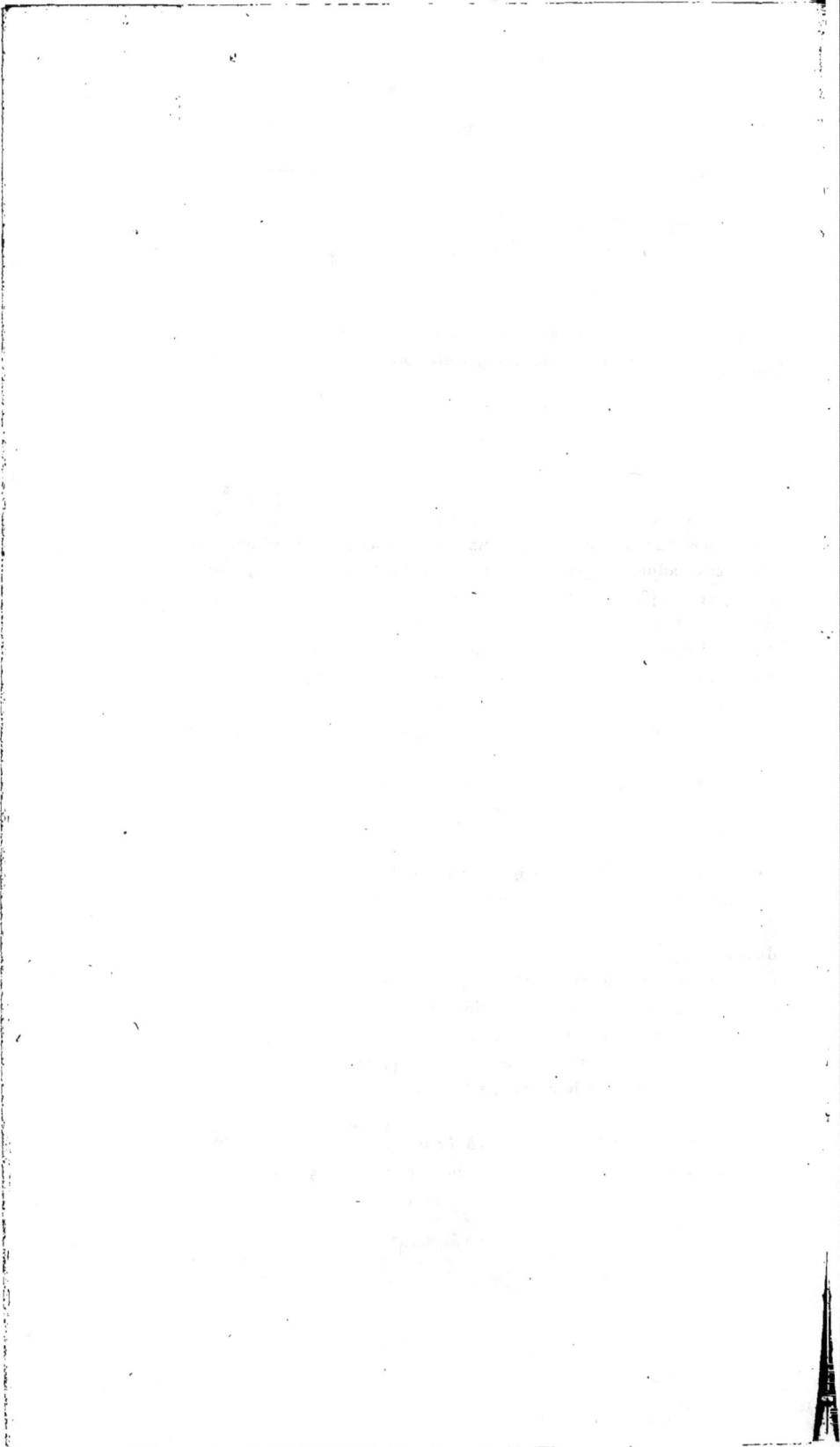

ETAT alphabétique des personnes dénommées dans cet ouvrage, avec indication des pages où il est question d'elles.

(Nota.) *Il a paru que cet état formait la seule Table des matières qui pût convenir à cette sorte d'Ouvrage.*

A

B

C

K

L

M

T

V

FIN DE LA TABLE

(269)

E R R A T A.

*P*age 12, *ligne* 10, reserve, *lisez* réserve.

Page 17, note, *ligne* 9, nourrie soldée, *lisez* nourrie, soldée.

Page 22, note, *ligne* 6, chez le commandement, *lisez* chez le commandant.

Page 46, *ligne* 3, la poste des courriers, *lisez* la poste, des courriers.

Idem, *ligne* 4, portait, *lisez* portaient.

Page 50, note, *ligne* 20, spontannée, *lisez* spontané.

Page 54, *lignes* 5 et 6, le débarquemens, *lisez* les débarquemens.

Page 74, *ligne* 5, nostra santa del aqua, *lisez* nostra Signora del aqua.

Page 76, note, *ligne* 5, le comte de Palfy, *lisez* le comte de Patfy. (faire la même correction par-tout où ce nom se retrouve.)

Page 89, *ligne* 7, de la 25e, *lisez* de la 25e légère.

Page 96, *ligne* 8, après en chef, *ajoutez* et Rosa, capitaine-adjoint de l'adjudant-général Reille.

Page 106, *ligne* 3, une affaire générale, *lisez* une dernière affaire.

Page 129, *ligne* 25, après les villages, *ajoutez* ci-dessus dénommés.

Page 131, *ligne* 7, de la 25e, *lisez* de la 25e légère.

Page 139, note, *ligne* 9, par, *lisez* pas.

Ibidem, *ligne* 17, souffrances, *lisez* souffrance.

Page 189, *ligne* 12, difficultés, *lisez* difficulté.

Page 207, notes, *ligne* 5, à la vue de ces signes, *lisez* à la vue subite de ces signes.

Page 209, évncuant, *lisez* évacuant.

Page 223, notes, *lignes* 3 et 4, on travailla de suite à en fabriquer, *lisez* le général Lamartillere travailla de suite à en faire fabriquer.

Page 229, *ligne* 27, Assereto, *lisez* Lapotterie.

Page 240, *ligne* 1, y est, *ajoutez* un.

Page 247, *ligne* 26, de forces, *lisez* des forces.

De L'IMPRIMERIE-DEMONVILLE, rue Christine, n°. 12.